よねさんの免疫力超アップの一卓

米澤佐枝子

三笠書房

はじめに

細胞が活気づけば、
心と体が芯から強くなる！

私は自然療法研究家の東城百合子先生のもとで学び、42年前から健康食料理をお伝えしています。この本には、私が「あなたと健康社」料理教室の皆と工夫し、作ってきた代表的レシピと知恵をできる限り収録しました。まずは自己紹介から――。

子どもの頃、夕暮れに畑仕事を終えて帰ってくる家族のために、かまどでご飯を炊き、みそ汁を作って待っていた。「おいしいよ」といってくれた祖母のひと言で、その後ずっと料理に興味をもち、作り続けてきました。

大学の食物科で栄養学を専攻、卒業後、コック修業をして和洋中の料理を学び、レストランで働きました。

学生時代は食べ歩きに夢中。おいしいもの、変わったものがあると聞くと、根が好奇心旺盛なこともあり、すぐに飛んでいったものです。

その後、夫の赴任に伴って赴いたブラジルで子宮がんを発症。末期で余命1年と告げられたんです。病気になって、「食といのち」について深く考えるようになりました。野菜や米等、土から生まれた「いのち」をこの体にいただくありがたさ。徐々に感謝の気持ちが芽生えてきました。「いただきます」という言葉が自然に出てきました。

食べ物でこの体を養い、土に還《かえ》る……。自然の循環なのだと気がつき、私は生かされている、自分で勝手に生きているのではない、と思うようになったのです。

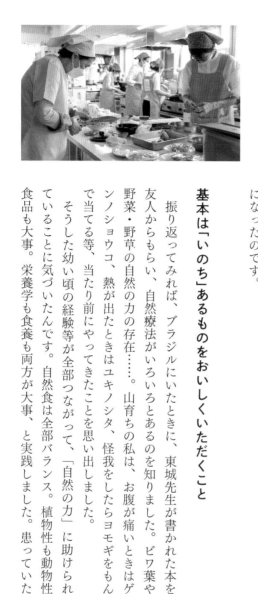

基本は「いのち」あるものをおいしくいただくこと

振り返ってみれば、ブラジルにいたときに、東城先生が書かれた本を友人からもらい、自然療法がいろいろとあるのを知りました。ビワ葉や野菜・野草の自然の力の存在……。山育ちの私は、お腹が痛いときはゲンノショウコ、熱が出たときはユキノシタ、怪我をしたらヨモギをもんで当てる等、当たり前にやってきたことを思い出しました。

そうした幼い頃の経験等が全部つながって、「自然の力」に助けられていることに気づいたんです。自然食は全部バランス。植物性も動物性食品も大事。栄養学も食養も両方が大事、と実践しました。患っていたがんは、「お前はまだ気づかないのか」という天からのお便りだったんですね。

料理教室では一物全体《いちもつぜんたい》の考え方から、ごぼうやにんじんの皮は、根も芯もすべて工夫し、料理に生かす。薬効の決め手になるのでむかないし、玉ねぎの皮も、干してお茶にします。「いのち」あるものをおいしくいただいていると、自分の体が喜んでいるのがわかるようになる。「自然のいのち」を大切にする食生活が細胞を活気づけるんです。

細胞は助け合って存在しているので、たとえどこか調子が悪くても、他の細胞が補って助けてくれるようになっています。

病気になっても、「もう治らない」なんて思っちゃいけない。あきらめない。不安になっていると、細胞がシュンと縮んでしまう。「大丈夫」という希望をもつことが一番大事。それに向かって歩くから、体がなんとかついていくんです。

80代の今もだから超元気

私は幸運なことに、これまで3人の偉大な師に出会うことができました。

まず1人は学生時代に学んだ栄養学者の川島四郎先生。次は、東條會館のコック長で日本で3本の指に入る北川敬三料理長。そして、東城百合子先生との運命的な出会い。

私は病を得てから、日本での治療を求めて、陰陽理論や玄米菜食の迷路に踏み込んだりもしましたが、東城先生の「あなたと健康社」とご縁をいただき入社。そして自然療法を実践し、手術もせず健康を取り戻しました。あれから入社42年以上たった80代の今も、超元気です。

食べ物で体は確実に変わります。食卓に並べるものを変えるだけで、人生はもっともっと楽しく、幸せになりますよ。

米澤佐枝子

YouTube「ひまわり健康料理教室」チャンネルを2020年5月に開設。まわりを元気にする笑顔と明るく温かい人柄、ウクレレとゆかいな腹話術で、よねさんファン大急増中。

目次

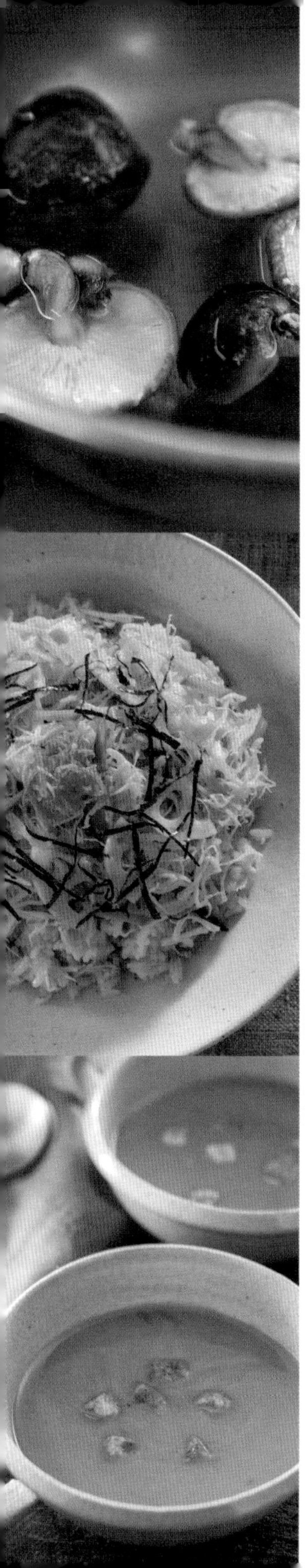

第2章

第3章

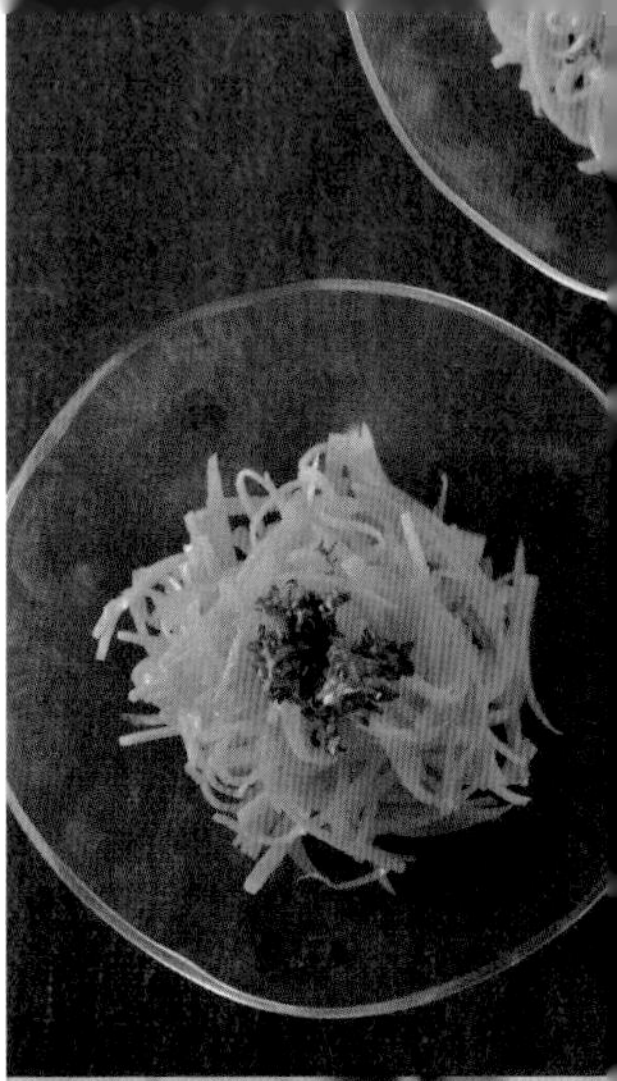

第4章

「おいしい！」「また食べたい！」大人気のメニュー10

第5章

野菜の力をいただく副菜

第6章

撮影／飯貝拓司
あなたと健康社（P5、P11、
P38、P58、P70、P92〜100）
スタイリング／なかざわひろ美
イラスト（レシピ内）／松浦素子
協力／あなたと健康社（榎本貴之、村松幹子）

「免疫力を高めて元気に生きる食卓」よねさんの3つの原則

体が喜ぶものを食べれば、細胞がシャンとして
元気な体になるのよ。体が弱い人でも
毎日の食べ物で体が徐々に変わり、力が出てきます。
体の中を旅した食物は役目を果たし、
排出され土に還《かえ》る。そこからまた生命が生まれる。
すべて循環です。

1 一《いち》物《もつ》全《ぜん》体《たい》食《しょく》

（全体を丸ごと食べること）

皆さん、料理をするときに、玉ねぎの皮やキャベツの芯、にんじんやごぼうの皮など捨てていませんか？

それはとても勿体ないこと。捨てられる部分を工夫して調理しましょう。

例えば玉ねぎの皮には、ケルセチンという大切な栄養素が、実よりも30倍も多く含まれています。捨てないで太陽に干してお茶にしたり、カレーやスープの汁に使ったりします。ケルセチンは血流改善や抗酸化作用があり、高血圧や糖尿病に卓効があるし、老化防止、がん予防にもなります。

「あなたと健康社」の主食は玄米です。精白していない玄米には、いのちのもとの胚芽がついています。玄米にあずきや黒豆を入れて炊いたら、さらに栄養価が高くなる。玄米は水につけておくと芽が出ます。玄米が無理なら、半つき米に雑穀を入れて炊いてもいいでしょう。

また、食品添加物の入らない自然醸造のものをなるべく選ぶ。しょうゆ、

みそ、みりん、日本酒等の発酵調味料を料理の味付けによく使いますが、特にみそは、熟成期間が長いものには薬効があるので、「6年みそ」「1年みそ」（P61参照）と混ぜてみそ汁等に。

塩は昔ながらの製法で作られた国内産の塩。砂糖はミネラル、ビタミンの残っている黒砂糖、粗製糖、はちみつ等を使います。

2 旬のものをいただく

春夏秋冬の食物は、自然からの恵みの贈り物。数値にあらわれませんが、折々の生命力がみなぎっていて、摂ると、格段に免疫力がアップします。

旬のものを手作りしておいしくいただき、自然の恵みに感謝する。自然に添って生活すれば、体も心も生き生きしてきます。

春には木の芽が育ち、野草が勢いよく若芽を伸ばす。冬の間に体に溜まった老廃物を解毒し排出するのは、ふきのとう、タンポポ、ゲンノショウコ、スギナ等。天ぷらにしたり、干してお茶にしていただきます。
夏は暑くて汗をかくから、体の渇きを癒し、クールダウンさせるトマト、なす、きゅうり、スイカ等を摂る。
秋と冬は体が冷えやすい。この季節には体を温めるものとして、大地のエネルギーをもらって育った根菜類、ごぼう、れんこん、里芋等をいただきます。

3 バランスを大切に

この世はすべてバランス。中心が大事。天と地。陰と陽。昼と夜。マイナスとプラス。一つでオールマイティな食べ物はありません。体に良いからと食べ過ぎたら、体の負担になる。腹八分目に医者いらずというとおり。

植物性と肉、魚等の動物性食品とのバランスは、六対四くらいがいいでしょう。そのときどきの体調を考えて感謝していただきましょう。

レシピの見方について

分量・調理器具について

●小さじ1は5㎖、大さじ1は15㎖、1カップは200㎖、1合は180㎖、塩ひとつまみは指3本でつまんだくらいの量です。

●フライパンは特に表記がない場合、直径21㎝のものを使用。

●玄米を炊く圧力鍋は、メーカーや大きさ、玄米の量によって水加減、火加減は適宜調整してください。

●玄米専用土鍋は自然食品の専門店や通販などで入手できます。時間はかかりますが、圧力鍋とはまた違った甘みや香り、風味が出、消化もよいので、病気の方にもおすすめの炊き方です。

●まな板は2枚あると便利で衛生的です。肉魚などに1枚、野菜果物などに1枚と、分けて使うといいです。動物性は菌がつきやすいので、まな板はよく洗って使いましょう。

●古布(使い古したタオル、下着など)をカットしておくと便利。使ったあとのフライパンの油等を拭き取るのに使用。

食材・だし汁について

●野菜などの分量は、皮や種などを含んだものです。

●ご飯は基本的には玄米を使っていますが、半つき米(分づき米)や、雑穀を加えてもいいでしょう。

●だし汁は、左ページで紹介しているだしを使っています。

調味料について

●毎日口にするものですから、自然に作られた良質なものを選びましょう。伝統製法で作られた本物の調味料は素材のうまみを引き出し、また、私たちの体と心を元気にしてくれます。

●塩は、ミネラルやうまみを多く含む自然塩を使っています。

●しょうゆ、酢、みそ、みりんは天然醸造のものを使用。

●酒は市販の料理酒ではなく、清酒(日本酒)を使っています。

●砂糖は黒糖やきび砂糖、てんさい糖を使用。

作り方について

●「洗う」「皮をむく」「ヘタや種を除く」といった基本的な下ごしらえについては、省略している場合があります。

●加熱調理はガスコンロを使用。火加減はことわりのない場合は中火です。また、IH調理器などの場合は表記の時間を目安に火加減を適宜調節してください。

●揚げ油の温度の目安は、乾いた箸を入れたとき、低温(160度)では細かい泡が、中温(170度)ではやや大きめの泡が、高温(180度)では多量の泡がつく程度です。

●土鍋、圧力鍋、オーブンの加熱時間は目安です。表記の時間を目安に火加減を適宜調節してください。

基本のだし5種

レシピにも出てくるだし汁を紹介します。

かつおだし

●かつお節　20g
●昆布　10〜15cm角1枚
●水　5カップ

①鍋に水と昆布を入れて、10〜15分ほどおく。
②中火にかけ、沸騰したら、かつお節を入れる。弱火にして3〜5分ほど煮出す。ふきんをしいたザルでこす。

お吸い物、だし巻き卵、煮物、あえ物等に

煮干しだし

●煮干し　15g
●昆布　10〜15cm角1枚
●水　5カップ

①鍋に材料をすべて入れて、10〜15分ほどおく。
②中火にかけ、沸騰したら弱火にして10〜15分ほど煮出す。ふきんをしいたザルでこす。

みそ汁に

精進だし

●昆布　10〜15cm角1枚
●干ししいたけ　2〜3枚
●水　5カップ

①鍋に材料をすべて入れて、10〜15分ほどおく。
②中火にかけ、沸騰したら、弱火にして10〜15分ほど煮出す。ふきんをしいたザルでこす。

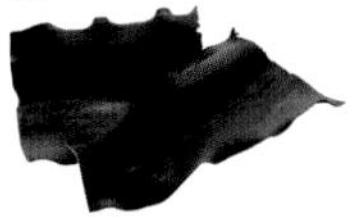

動物性を摂りたくない人に

濃縮だし

●かつお節　100g
●昆布　10〜15cm角3枚
●干ししいたけ　3〜4枚
●しょうゆ　1ℓ
●みりん　500mℓ

①鍋に材料をすべて入れて、1時間ほどおく。
②中火にかけ、沸騰したら、弱めの中火にして、半量になるくらい15〜20分ほど煮出す。ふきんをしいたザルでこす。

※容器に入れて冷蔵庫で保存。2〜3カ月は保存可能。
※こしたあと、水を6カップ入れ、沸騰したら中火にして5〜6分煮ると、二番だしが取れます。

めんつゆ、煮物にあう

玉ねぎだし

●玉ねぎ　小1個(100g)
●お好みの植物油　大さじ½
※オリーブオイル、米油等

①玉ねぎをみじん切りにし、鍋に油を熱し、玉ねぎが透き通るまで中火で炒める。
②その後、弱火にして、さらに炒め、甘みが出たら、2〜3人分のスープの素ができる。

ポタージュ、シチュー、カレー等に

基本の切り方

レシピにも
出てくる切り方を
紹介します。

第 1 章

強い体を作る
主菜

豆腐入りふんわり卵のあんかけ

野菜たっぷりの卵焼き。トロリとあんがかかって、ごちそう風。

体が冷えると
心まで冷えるわよ。
温かいものを食べて、
ふんわり過ごそう！

材料（21㎝のフライパンを使用）

卵 …… 3個

木綿豆腐 …… ⅓丁（100g）

玉ねぎ …… ½個（100g）

にら …… ⅓わ

にんじん …… 30g

干ししいたけ …… 1枚

※水½カップでもどし、もどし汁はAで使用

塩 …… 小さじ½

ごま油 …… 大さじ½＋小さじ2

A（くずあん）

- くず粉（または片栗粉）…… 大さじ1
- 干ししいたけのもどし汁＋かつおだし（P13参照）…… ⅔カップ（150mℓ）
- しょうゆ …… 大さじ½
- みりん …… 大さじ½

作り方

① 玉ねぎ、もどした干ししいたけは粗みじん切り、にんじんは長さ2㎝のせん切り、にらは長さ3㎝に切る。

② フライパンにごま油大さじ½を中火で熱し、玉ねぎをさっと炒め、にんじん、しいたけも加え、火が通るまで2分ほど炒める。にらを加えてさっと炒めてボウルにあける。

③ ❷に豆腐を手で崩して加え、ほぐした卵、塩も入れて、木ベラで混ぜる。

④ フライパンを洗って拭いて温め、ごま油小さじ2を中火で熱し、❸を流し入れる。平たいふたをして弱火で焼き、表面が乾いてきたら、ふたにのせてひっくり返し、フライパンにすべらせて戻し2分ほど焼いたら、器に取る。

⑤ 鍋にAの材料をすべて入れ、均一に混ざったら、火にかける。混ぜながらとろみが出たら、2分くらい煮て、火を止め、❹にかける。

免疫力ぐんぐんアップの鍵

にら独特の香りは、ねぎ類と共通の成分、アリシンによるもので、疲労回復の働きをするビタミンB_1の吸収を高める。さらにビタミンAも多く、1わで1日の必要量を摂ることができる。体を温めるので、冷え性、神経痛によい。肌荒れの予防にも効果あり。

車《くるま》麩《ぶ》入り八宝菜

免疫力ぐんぐんアップの鍵

車麩は小麦粉のたんぱく質「グルテン」が原料。消化吸収にすぐれ、しかも低カロリー。脳の発育や活性化に有効な神経伝達物質のグルタミン酸が豊富なので、ぜひ子どもに食べさせたい。

食べごたえのある
車《くるま》麩《ぶ》を使って
超ヘルシー。

三人寄れば文殊の知恵、
というけれど
八宝だから
すごく力あるよね

材料（２～３人分）

車麩 …… 1枚
しょうゆ …… 少量
小麦粉、くず粉（または片栗粉）
…… 各大さじ ½

玉ねぎ …… ½個（100g）
ゆでたけのこ …… 100g
にんじん …… ⅓本（50g）
ピーマン …… 大1個
干ししいたけ …… 大1枚
※水1カップでもどし、もどし汁はAで使用
きくらげ（乾燥） …… 1枚
にんにく …… 1片
うずらの卵 …… 4個
桜えび（乾燥） …… 大さじ1
ごま油 …… 大さじ2＋大さじ1
A

しょうゆ …… 大さじ1
みりん、みそ …… 各大さじ ½
干ししいたけのもどし汁 …… ¾カップ
塩 …… 小さじ ½
くず粉（または片栗粉）…… 小さじ1

作り方

① 車麩をぬるま湯でもどし、水気を軽くしぼって８等分に切る。玉ねぎ、ピーマンは乱切り、たけのこは薄切り、にんじんは３～４㎝長さの短冊切りにする。干ししいたけは水でもどした後、そぎ切りにし、きくらげも水でもどした後、ざく切り。にんにくはみじん切りに。うずらの卵はゆでて殻をむいておく。

② 車麩にしょうゆをふり、小麦粉とくず粉を合わせたものをまぶす。フライパンにごま油大さじ２を中火で熱し、カラッと揚げ焼きにする。

③ フライパンを洗い温めてから、ごま油大さじ１を中火で熱し、にんにくを入れ香りが立ったら、玉ねぎを炒める。玉ねぎが透明になったら、にんじん、ピーマン、たけのこ、しいたけ、きくらげ、桜えびの順に加える。火が通ったら、❷とよく混ぜたAを入れかき混ぜ、うずらの卵を入れる。とろみがついたら火を止め、器に盛る。

食材メモ

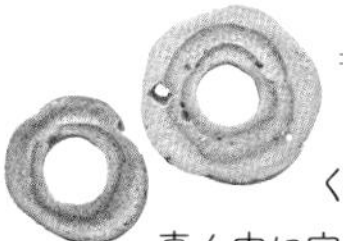

【車麩】 北陸地方や沖縄等でよく食べられている焼き麩の一種。真ん中に穴が開き、ドーナツのような形で、もっちりとして弾力ある食感が特徴。

お箸が止まらない豆腐ステーキ

にんにくとしょうゆの香りがたまらない。豆腐のおいしさに、あらためて目覚める味。

よねのつぶやき

ホットフラッシュって
やたら汗が出るのよ。
時期が来れば
必ず治るからね。
好きな音楽でも聴いてね

材料（2人分）

木綿豆腐 ……1丁
長ねぎ …… ½本
にんにく ……2片
しょうゆ …… 大さじ2½
ごま油 …… 大さじ2
かつお節 …… 適量
ししとう、ピーマン、トマト（お好みで）
……適量

作り方

① 豆腐はザルにのせ、皿等で重しをし、5分ほどおいて水きりをする。横に2等分に切る。長ねぎは小口切り、にんにくは大きめの乱切りにする。
② フライパンにごま油を中火で熱し、にんにくと豆腐を入れてじっくり焼く。こんがり焼き色がついたら豆腐を返して、裏面を同様に焼く。
③ しょうゆをかけて豆腐に味を含ませるように返しながら焼く。長ねぎ、かつお節をのせ、器に盛り、お好みで、焼いたししとう、ピーマン等を添える。

免疫力ぐんぐんアップの鍵

豆腐はレシチンが多く、疲れた脳細胞を活性化させる。木綿豆腐のほうがたんぱく質、カルシウム、鉄分等、有効成分が多い。胃腸の弱い人は大豆を食べるより、豆腐から摂ったほうが吸収がよい。

れんこん入りコロッケ

「〽今日もコロッケ、明日もコロッケ」って歌があったのよ。ホクホクのじゃが芋、大好き!

よねのつぶやき

そんなにカッカ腹立てると血圧が上がるわよ。腹は起こすより寝かせておくほうがいいのよ

材料(6個分)

じゃが芋 …… 2個(250g)
玉ねぎ …… ½個(100g)
にんじん …… 30g
れんこん …… 30g
グルテンバーガー …… 50g
※大豆ミート(乾燥・ミンチ)25g
でもOK
塩 …… 小さじ ¼ + 小さじ ¼
卵 …… 1個
小麦粉、パン粉 …… 各適量
オリーブオイル …… 大さじ 1
揚げ油 …… 適量

作り方

① じゃが芋は皮ごと蒸す。竹串がスーッと通るくらいになるまで(大きさにより15～30分)蒸したら、熱いうちに皮をむく。ボウルに入れて、すりこ木等でよくつぶす。塩小さじ¼を入れて混ぜる。

② 玉ねぎはみじん切りにし、にんじん、れんこんはすりおろして、水気を軽くしぼっておく。

③ フライパンにオリーブオイルを中火で熱して玉ねぎを入れ、透明になるまで炒める。にんじん、れんこん、グルテンバーガーを加えて炒め、塩小さじ¼をふる。

④ ❶に❸を入れてよく混ぜ、バットに入れ6等分にして、小判型や俵型に丸める。小麦粉、溶き卵、パン粉をまぶして、揚げ油を中温(170度)に熱し、衣がカリッと黄金色になるまで揚げる。

免疫力ぐんぐんアップの鍵

じゃが芋はビタミンCの含有量が多く、粘膜を丈夫にするので、胃潰瘍、十二指腸潰瘍、乳児の消化不良のときによい。さらにカリウム含有量の王様で、塩分過剰による成人病を防ぐ。ビタミンCやカリウムは、ゆでるより蒸すほうが損失が少ない。

食材メモ

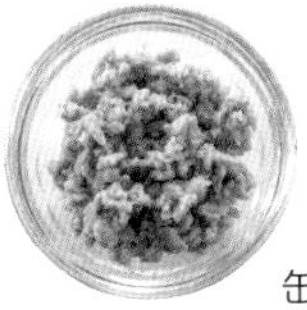

【グルテンバーガー】 小麦粉からとった植物性たんぱく質(グルテン)をひき肉状にした加工食品。缶詰めタイプで、自然食品店やインターネットで購入できる。

鶏むね肉のトマトソースがけ

淡白なむね肉は高たんぱく質（プロテイン）として最高。

よねのつぶやき

ウツウツしてても1日は過ぎる。体を動かそう。料理は頭にも体にも最適な治療法だよ

材料（2〜3人分）

鶏むね肉 …… 1枚（200g）
塩 …… ひとつまみ

トマト …… 1個（150g）
玉ねぎ …… ½個（100g）
ピーマン …… 大1個（40g）
トマトソース（P58参照）…… ½カップ
塩 …… 小さじ⅓
オリーブオイル
…… 大さじ1＋大さじ½

作り方

① 鶏肉は大きめのそぎ切りにし、塩をふり、2〜3分おいて味をなじませる。トマト、玉ねぎ、ピーマンはひと口大に切る。
② フライパンにオリーブオイル大さじ1を中火で熱し、鶏肉を並べ入れる。焼き色がついたら裏返し、両面をこんがりと焼いたら、器に取る。
③ フライパンを洗って温め、オリーブオイル大さじ½を加えて中火で熱し、玉ねぎ、ピーマン、トマトを炒める。火が通ったら、塩をふり、トマトソースを加え、味をととのえる。
④ ❷に❸をかける。

免疫力ぐんぐんアップの鍵

鶏むね肉は低脂質、低カロリー。しかもアミノ酸のバランスがよいので、たんぱく質がしっかり摂れる。睡眠の質を高めるグリシン、トリプトファン等のアミノ酸も豊富。

大豆ミートのチンジャオロースー

大豆のお肉でヘルシー！ご飯が進むおいしさは、みそ味が決め手。

よねのつぶやき

仕事でミスったって？
気にしない！
ミスのない人なんて
いない。
おいしいもん食べよう!!

材料（2～3人分）

玉ねぎ……1個(200g)
ゆでたけのこ……100g
ピーマン……大2個
にんじん……20g
　大豆ミート(乾燥・細切り)
　……15g
　小麦粉、くず粉(または片栗粉)
　……各大さじ1
　揚げ油……適量
　しょうが……5g
　しょうゆ……大さじ2弱
　みそ……小さじ2
　かつおだし(P13参照)……50mℓ
ごま油……大さじ½

作り方

① 玉ねぎは半分に切って、縦にスライス、たけのこ、ピーマン、にんじんは細切り、しょうがはすりおろす。
② 大豆ミートは袋の表示どおりにもどし、水気をしぼる。小麦粉とくず粉を合わせてまぶしたら、フライパン等に揚げ油を中温に熱し、カリッとなるまで揚げる。
③ フライパンを洗い温めてから、ごま油を中火で熱し、にんじん、たけのこ、ピーマン、玉ねぎを炒め、野菜に火が通ったら、揚げた大豆ミート、みそ、かつおだし、しょうゆ、しょうがを混ぜて加え、炒めながら混ぜ合わせる。

免疫力ぐんぐんアップの鍵

ピーマンにはビタミンCの酸化防止物質が含まれているため、加熱してもビタミンCの損失が少ない。大豆ミートの良質なたんぱく質とビタミンCの組み合わせで、特に美肌効果があり、老化防止にもなる。ピーマンならではの栄養素・ピラジンが血栓を防ぐ。

食材メモ

【大豆ミート】

最近話題の、肉のような食感の大豆加工食品。水やお湯でもどしてから使う「乾燥タイプ」が主流。形状も「ミンチ」「細切り」「フィレ」「ブロック」「大判」等のさまざまなタイプがあり、料理に合わせて使い分ける。写真は、ミンチと細切りタイプ。

翌日食べてもおいしい！
あじの極上マリネ

レモンドレッシングに
漬けると
味がしみ込んでおいしい！

急ぎすぎない、
あせらない。
ときを待つことも
大切かな

材料（2～3人分）

- あじ …… 2尾
- ※切り身でもOK
- くず粉（または片栗粉）、小麦粉 …… 各大さじ2
- 玉ねぎ …… 1個（200g）
- レモンドレッシング（P38参照） …… 適量
- オリーブオイル …… 適量
- ミニトマト、パセリ（お好みで） …… 適量

作り方

① 玉ねぎは薄い半月切りにし、水にさっとさらす（新玉ねぎの場合は不要）。

② あじは三枚におろし、小骨を取る。切り身をそれぞれ2～3等分に切ったら、くず粉と小麦粉を混ぜたものをまぶす。フライパン等にオリーブオイルを中温に熱し、皮がパリッとなってこんがりするまで揚げる。

③ 器に玉ねぎの半量をしき、❷のあじをのせる。残りの玉ねぎを重ねて、レモンドレッシングをかけたら、お好みで半分に切ったミニトマト、みじん切りにしたパセリを散らす。

※ すぐ食べても、冷蔵庫に入れてひと晩おいても美味。

免疫力ぐんぐんアップの鍵

あじは脂質が少なめで、たんぱく質が豊富。さらに、必須アミノ酸をバランスよく含んでいる。アミノ酸の一種、タウリンの含有量は、さばやさんまよりも多く、血糖値の安定と、心臓や肝臓の機能を向上させる働きがある。

フライパンde本格グラタン

フライパンひとつで
すぐにできるグラタン。
味は本格的！

完全な人は
いないんだよ。
欠点があるほうが
魅力的だよ

材料（21cmのフライパンを使用）

豆乳 …… 1カップ
玉ねぎ …… 1個（200g）
じゃが芋 …… 1個（150g）
かぼちゃ …… 150g
ゆでた大豆、または金時豆等
…… ½カップ
※ミックスビーンズでもOK
にんにく …… 1片
小麦粉 …… 大さじ3
オリーブオイル
…… 大さじ1½＋大さじ1
塩 …… 小さじ½＋小さじ½
ピザ用チーズ …… 適量
パセリ（お好みで）…… 適量
上に飾るにんじん …… 少量

作り方

① 玉ねぎ、じゃが芋、かぼちゃは5㎜幅に切り、にんにくは薄切りにする。
② フライパンにオリーブオイル大さじ1½をひき、にんにくを散らす。玉ねぎ、じゃが芋、かぼちゃの順に、半量を並べて重ねる。塩小さじ½をふり、小麦粉の半量を茶こしで全体にふる。
③ 残りの玉ねぎ、じゃが芋、かぼちゃを重ねて、ゆでた豆を散らす。塩小さじ½、残りの小麦粉を茶こしで全体にふる。オリーブオイル大さじ1、豆乳を加える。
④ ふたをして弱火で15～18分焼く。竹串をさして火が通っているのを確認したら、ピザ用チーズをのせ、その上に、にんじんを薄く切り、花形に抜いてのせる。ふたをして、チーズがとけるまで2～3分焼く。
⑤ 火を止めて、お好みでみじん切りにしたパセリを散らす。

免疫力ぐんぐんアップの鍵

玉ねぎに含まれるアリシンが疲労回復に必要なビタミンB_1の吸収を助け、効果を長く保つ。新陳代謝を活発にして血液をサラサラにするので、高血圧や動脈硬化の予防になる。

鶏ささみのボリュームサラダ

ささみは
生野菜と一緒に食べると
最高にウマい!!

シンプルイズベスト。
複雑に考えないで
あっさりいこう。
料理も簡単で
シンプルがいい

材料（2～3人分）
鶏ささみ ……… 3本
玉ねぎ ……… ¼個
ミニトマト ……… 5個
※トマトの場合は1個
サニーレタス ……… 2枚
※レタスでもOK
レモンドレッシング（P38参照）
……… 適量

作り方
① レタスは食べやすい大きさにちぎり、玉ねぎは薄い半月切りにした後、水にさっとさらす(新玉ねぎの場合は不要)。ミニトマトは半分に切る(トマトの場合はひと口大)。
② ささみは熱湯で2～3分ゆで、火が通ったらザルに取る。食べやすい大きさにちぎる。
③ 器に❶と❷を彩りよく盛り、食べるときにレモンドレッシングをかける。

免疫力ぐんぐんアップの鍵
鶏のささみには脂質がほとんどないので、筋トレ中の人や体重増加を気にする人にもおすすめ。また、鶏肉のなかでたんぱく質が一番含まれている。ナイアシンが血行不良を改善するので、冷えや肩こり予防にも効果がある。

かきとキャベツの炒め物

最高のおかずが
フライパンでまたたく間に
でき上がり!
疲れ、吹っ飛ぶよ。

体調が今、よくない人、
1億総半病人だからって、
あきらめないで。
体が喜ぶものを食べれば
免疫力が必ずアップ!!

材料（2～3人分）

かき …… 8個
キャベツ …… 200g
※白菜でもOK
にら …… $\frac{1}{2}$わ
まいたけ …… 50g
オリーブオイル …… 大さじ1
塩 …… 少量
しょうゆ …… 大さじ1弱

作り方

① かきは流水で洗い、ザルにあげて水気をきる。
② キャベツはざく切り、にらは長さ3㎝に切り、まいたけはほぐしておく。
③ フライパンにオリーブオイルを中火で熱し、かきを入れる。焼き色がつくまで2～3分焼いたら、キャベツ、まいたけを加える。しんなりしてきたら、にらを加えて、炒め合わせ、塩をふる。
④ しょうゆを加えて汁を飛ばす。

免疫力ぐんぐんアップの鍵

かきは「海のミルク」といわれるほど栄養価が高い。貧血、高血圧、低血圧、肌荒れ、精神安定等、さまざまな効果あり。1月～4月が旬で、栄養価が高くなる。

いわし缶とトマトのレモンマリネ

缶詰めでさっとできる。ビールのつまみに最高!

よねのつぶやき

人は歳をとる。
心は老いない。
いつも青春!!

材料(2～3人分)

いわしの水煮缶 …… 1缶
※ オイルサーディンでもOK
トマト …… 1個(150g)
※ ミニトマト10個でもOK
玉ねぎ …… ½個(100g)
レモンドレッシング(P38参照) …… 適量
レモン、パセリ(お好みで) …… 適量

作り方

① いわし缶は汁気をきっておく。トマト、玉ねぎは薄い半月切りにし、玉ねぎは水にさっとさらす(新玉ねぎの場合は不要)。
② 器に玉ねぎ半量をしき、いわし、トマトの順に重ねる。残りの玉ねぎをのせて、レモンドレッシングをかけて、お好みで薄切りにしたレモン、みじん切りにしたパセリを散らす。
③ 10分以上おいて、味をなじませる。

免疫力ぐんぐんアップの鍵

いわしには、カルシウムやDHA、EPAが豊富。DHAは老化予防、認知症予防に働き、EPAは血液の粘度を下げて、善玉コレステロールを増やす働きがある。DHA、EPAのどちらも、中性脂肪を低下させる効果があり、血栓ができるのを予防する。さらに、カルシウムの吸収を助けるビタミンDも豊富なので、骨粗しょう症予防効果も。

よねさんの健康ドレッシング

梅酢ドレッシング

材料（作りやすい分量）
梅酢 …… 30mℓ
お好みの植物油 …… 50mℓ
※ オリーブオイル、米油、
紅花油がおすすめ
はちみつ …… 小さじ1弱

作り方
ボウルに、はちみつと少量の梅酢を入れ、泡立て器でよく混ぜる。そこに植物油と梅酢を少しずつ交互に混ぜながら加えていく。

梅干しドレッシング

材料（作りやすい分量）
梅干し …… 2個
醸造酢 …… 大さじ2
お好みの油 …… 大さじ1
※ オリーブオイル、米油、
紅花油がおすすめ
しょうゆ …… 大さじ2
みりん …… 小さじ1

作り方
梅干しの種を取り、刻んですり鉢でする（細かく刻んでもよい）。残りの材料を順番に少量ずつ入れてすり混ぜ、トロリとさせる。

中華ドレッシング

材料（作りやすい分量）
みりん …… 大さじ2
米酢 …… 大さじ1½
しょうゆ …… 大さじ2
ごま油 …… 大さじ1
白ごま …… 大さじ1
（半ずりにしておく）

作り方
小さな空きビン等に材料をすべて入れて、ふたをしっかり閉めたら、10回以上シェイクする。

レモンドレッシング

材料（作りやすい分量）
レモン汁 …… 1個分
オリーブオイル …… 大さじ2
塩 …… 小さじ1

作り方
小さな空きビン等に材料をすべて入れて、ふたをしっかり閉めたら、10回以上シェイクする。

第 2 章

心と体が芯から元気になる主食

元気が出る！玄米ご飯＆玄米おむすび

よね、おすすめの3種おむすび。おむすび(炭水化物)はエネルギーの源。

よねのつぶやき

この頃、何だか元気ないの、
力が湧かないのよ、
というあなた。
このおむすび食べたら
モリモリ動きたくなるよ

玄米ご飯・材料

圧力鍋の場合

玄米……2カップ
塩……小さじ⅓
水……2カップ＋80mℓ
（玄米の約1.2倍）
※玄米3カップの場合は、塩小さじ½、水3カップ＋60～100mℓ

土鍋の場合

玄米……2カップ
塩……小さじ⅓
水……3～4カップ
（玄米の約1.5～2倍）
※玄米3カップで炊く場合は、塩小さじ½、水4½～6カップ

圧力鍋で炊く場合

①鍋に材料を入れて、1時間以上おく。
②中火にかけて、重りが回り出したら、重りがゆっくり揺れる程度の弱火にし、25分ほど炊く。
③火を止めて20～25分蒸らす。

土鍋で炊く場合

①土鍋に材料を入れて、1時間以上おく。
②中火にかけ、沸騰したら弱火にし、1時間～1時間半炊く。
③火を消したらすぐに天地返しをし、ふたをして30分蒸らす。

調理メモ
・やわらかく炊く場合は、ひと晩水につけるとよい。また、病気療養中の人やお年寄りには、玄米を15分くらい炒ってから炊くと、消化吸収がよい。
・炊飯器で「玄米炊きモード」がある場合は、炊飯器の仕様に従って炊いてください。

免疫力ぐんぐんアップの鍵

玄米は胚芽と皮がついているので、水につけると芽が出てくる生きた米。たんぱく質、糖質、食物繊維、脂質、ビタミン、ミネラル等、生きていくために必要な成分がバランスよく含まれている。白米より、特にビタミンB_1とB_2、鉄、マグネシウムの含有量が多い。フィチン酸、γ-オリザノール、イノシトールという特殊な成分も含まれていて、新陳代謝を高める。また、便秘の改善、水銀、カドミウム等重金属の排出、悪玉コレステロール値を下げる、肝臓を丈夫にする等、大切な働きをする。

玄米おむすび・材料（各3個分）

玄米ご飯（温かいもの）
……約700g（2カップ分）

A
- 梅干し……小2個
- かつお節……2g
- しょうゆ……小さじ1

B
- ちりめんじゃこ……大さじ1
- 梅酢……少量
- 梅干しのしそ……5g

C
- ひじき（乾物）……7g
- ちりめんじゃこ……大さじ1
- みりん……大さじ1
- しょうゆ……大さじ½

のり、ごま（お好みで）……適量

作り方

①Aは梅干しを刻み、かつお節としょうゆを混ぜる。
②Bはちりめんじゃこに梅酢をまぶし、粗く刻んだ梅干しのしそを加えて混ぜる。
③Cはひじきを水1.5カップでもどし、ザルにあげる（ひじきが長いときは切る）。鍋にひじき、ひじきのもどし汁、Cの残りの材料を加えて、弱火で15分ほど煮る。
④A～Cをそれぞれ玄米ご飯に混ぜて、握る。お好みでのりを巻き、ごまをまぶす。
※梅酢には殺菌効果があるので、握るときに手水として利用するとよい。

免疫力ぐんぐんアップの鍵

梅干しの酸味の素・クエン酸は、乳酸が体のなかに溜まるのを防ぎ、炭水化物、脂肪等を効率よくエネルギーに変え、疲労回復に有効。食欲を増進させ、食中毒を予防する強力な殺菌効果も。肝臓の機能も高める。

免疫力が一段と上がる！きび入りちらし寿司

免疫力ぐんぐんアップの鍵

きびはたんぱく質が多く、亜鉛・鉄等も含み、食物繊維・ポリフェノールが豊富で、抗酸化作用がある。生活習慣病の予防に効果大。ごぼう、にんじん等の根菜には、食物繊維がたっぷり。腸内を掃除して、腸内環境を整えるため、便秘の改善や大腸がんの予防効果も。

具を一緒に煮て、酢飯と混ぜるだけ。きびが入って、体によいお寿司ですよ。

よねのつぶやき

人間って勝手だよね。冬になれば夏がよいという。夏になれば冬がよいという。春と秋もそれぞれいいね。四季のある日本は旬を楽しめるね

材料（4人分）

A（寿司飯）

- 胚芽米＋きび大さじ1……計2カップ
- 酒……大さじ1
- 昆布……10cm角1枚
- 水……2カップ＋80〜100mℓ

B（合わせ酢）

- 梅酢……大さじ2
- 米酢……大さじ1
- みりん……大さじ1弱

- ちりめんじゃこ……大さじ2強
- 梅酢……小さじ2

ごぼう、にんじん……各30g

干ししいたけ……2枚

油揚げ（油抜きする）……1枚

- かつおだし（P13参照）……1½カップ
- しょうゆ、みりん……各大さじ1
- 砂糖（てんさい糖等）……大さじ½

卵……2個

絹さや（もしくはいんげん）……5枚

れんこん……50g

C（れんこんを煮る汁）

- 梅酢……大さじ2
- はちみつ……大さじ1
- 水……大さじ3

紅しょうが（P99参照）、のり……各少量

作り方

① 炊飯器にAを入れて、炊く。Bの材料を混ぜておき、ちりめんじゃこは梅酢をかけておく。

② ごぼうはささがき、にんじんは3cm長さの細切り、もどした干ししいたけは細切り、油揚げは縦半分に切ってから、細切りにする。

③ 鍋にかつおだし、ごぼうを入れて沸騰したら、火が通るまで中火で3〜4分煮る。にんじん、しいたけ、油揚げを加えて、やわらかくなるまで煮る。砂糖、みりん、しょうゆの順に加える。煮汁が少量（大さじ2くらい）になったら火を止める。

④ 錦糸卵は卵に塩ひとつまみ（分量外）を入れて溶きほぐし、薄焼きにする。冷めたら、端からくるくる巻いて、ロール状にしてから、細切りにする。

⑤ 絹さやは塩ゆでし斜め細切り。れんこんは薄いいちょう切りにし、Cを煮立てたなかに入れ、弱火で2分煮て火を止め、冷めるまでその汁につけておく。

⑥ 炊きたてのAに、Bを回し入れ、うちわであおぎながら、しゃもじで切るように混ぜる。❸、ちりめんじゃこを加えて混ぜ、器に盛る。❹と❺、紅しょうが、のりを飾る。

今日も いい日の 麩《ふ》々《ふ》丼

シンプルだけど
心も体も満足する丼よ。

よねのつぶやき

朝、鏡を見て、
ニッコリと笑い、
今日もいい日、と
つぶやく

材料（２人分）

- 車麩 ……… ２枚
- かつおだし（車麩もどし用・P13参照）……… ½カップ（100mℓ）

卵 ……… ３個
玉ねぎ ……… ½個（100g）
三つ葉 ……… ½わ
干ししいたけ ……… 大１枚
※水½カップでもどし、もどし汁は②で使用
かつおだし（P13参照）＋干ししいたけのもどし汁 ……… 1½カップ（300mℓ）
しょうゆ ……… 大さじ２½
みりん ……… 小さじ２
玄米ご飯（温かい）……… 茶碗２杯分

作り方

① 車麩はかつおだしでもどし、軽くしぼってひと口大（8等分くらい）に切る。玉ねぎは縦半分に切ってから縦薄切りに、もどした干ししいたけは、細切りにする。三つ葉は3㎝長さに切る。
② 鍋にかつおだしと干ししいたけのもどし汁、玉ねぎ、しいたけ、車麩を加えて3分煮る。野菜に火が通ったらみりん、しょうゆで味をととのえる。
③ 溶きほぐした卵を回し入れ、三つ葉を散らしてふたをして２～３分煮て火を止める。器によそっておいたご飯の上にかける。

免疫力ぐんぐんアップの鍵

干ししいたけに多く含まれるエルゴステリンが太陽に当たるとビタミンDに変化し、カルシウムの吸収を助ける。市販の干ししいたけは、半日以上太陽に当てるとよい。エリタデニンという特有成分も含まれており、血液中のコレステロールを抑え、血圧を下げる働きをする。

大根とニラのぽかぽか雑炊

寒気のするとき、
お腹の調子が悪いとき、
体の芯から温まるお雑炊。

よねのつぶやき

冷えが免疫力を
いちばん落とすのよ。
よし、これ食べて
免疫力アップ!!

材料（２人分）
大根 ……… 30g
にんじん ……… 30g
にら ……… ⅓わ
かつおだし（P13参照）
……… 4カップ（800㎖）
玄米ご飯 ……… 茶碗1杯分
※冷凍ご飯でもOK
しょうゆ ……… 小さじ1
塩 ……… 小さじ½

作り方

① 大根、にんじんはさいの目切り、にらは1㎝幅に切る。
② 鍋にかつおだし、大根、にんじん、玄米ご飯を入れて中火にかける。沸騰したら、弱火で少しとろみが出るまで10分ほど煮る。
③ にらを加えて、塩、しょうゆで味をととのえる。

免疫力ぐんぐんアップの鍵

大根にはビタミンB群が多く含まれる。ジアスターゼ等の消化酵素も多く、リグニン（食物繊維）も含まれ、内臓をととのえる。葉にはビタミンAやC、カルシウム、葉緑素等、体力や抵抗力をつける成分が多い。

主食にもなる！
そばサラダ

和そばと野菜を混ぜるだけで簡単にできる、おいしいサラダ。

友人としゃべろうね。
あなたの〝そば〟が
いいって、いってるわよ

材料（2人分）

和そば（乾麺）……150g
にんじん……⅓本（50g）
干ししいたけ……2枚
※水1カップでもどし、もどし汁は②で使用

　卵……1個
　塩……少量

三つ葉……1わ
白炒りごま……大さじ2
のり……少量
A
　みりん、しょうゆ……各小さじ1
　干ししいたけのもどし汁……½カップ
B（めんつゆ）
　濃縮だし（P13参照）……50mℓ
　水……¾カップ
　梅酢……小さじ⅓

作り方

① にんじんは長さ3㎝の細切りにし、鍋に入れて、ひたひたの水と塩ひとつまみを加えて、水分がなくなるまで煮る。
② 干ししいたけは水でもどし、細切りにしたら、鍋にAとともに入れて、煮含める。
③ 卵は塩ひとつまみを加えて溶きほぐす。フライパンで薄焼きにし、冷めたら端からクルクル巻いてロール状にしてから、細切りにして錦糸卵にする。
④ 鍋に湯を沸かし、三つ葉を熱湯にさっとくぐらせ、水に取る。3㎝長さに切る。
⑤ そばを袋の表示どおりにゆで、水で洗う。水をきったらボウルに入れ、❶、❷、❸、❹と合わせて、混ぜ合わせたBをかける。器に盛り、切りごま（炒りごまを包丁で細かく刻む）、細切りにしたのりを飾る。

免疫力ぐんぐんアップの鍵

そばに含まれているポリフェノールの一種・ルチンが、毛細血管を強くするとともに弾力性を回復。高血圧や動脈硬化、心臓病の予防にも。

調味料メモ

【梅酢】 梅干しを漬けるときに出るエキス。クエン酸が多く含まれ、20mℓ前後を水で割って飲むと疲労回復になる。カルシウムの吸収を助け、胃腸や肝臓の働きもよくする。

みんな大好き！イタリアンスパゲッティ

ナポリタンは
いつも大人気。

よねのつぶやき

オーラ!!
たまにはイタリアンでいこうか。
気分転換にいいよ

材料（2人分）

スパゲッティ（乾麺）……150g
玉ねぎ……½個（100g）
ピーマン……1個（30g）
しめじ……½袋
にんにく……1片
トマトソース（P58参照）
　……1カップ強（200g）
塩……少量
オリーブオイル……大さじ1
パセリ（お好みで）……適量

作り方

① にんにくは粗みじん切り、玉ねぎ、ピーマンは細切り、しめじは石づきを除いてほぐす。

② スパゲッティを袋の表示どおりにゆで、ザルにあげて水気をきり、オリーブオイル少量（分量外）をかけて混ぜておく。

③ フライパンにオリーブオイルを中火で熱し、にんにくを入れて香りが立ったら、玉ねぎを加えて透明になるまで炒める。ピーマン、しめじを加えて、しんなりしてきたら、塩をふる。❷とトマトソースを加えて炒める。

④ 器に盛り、お好みで粗切りのパセリを散らす。

免疫力ぐんぐんアップの鍵

オリーブオイルに含まれるオレイン酸には、悪玉コレステロールを減らすというすぐれた働きがある。さらに、スクアレンは不飽和脂肪酸の一種で、細胞に酸素を送ったり、新陳代謝を活発にする。生活習慣病の予防効果も。

大豆ミートのみそスパゲッティ

和洋折《せっ》衷《ちゅう》のスパゲッティ。みそとの相性がバッチリ!

腹八分っていうじゃない。
お腹に相談しようね。
十二分に食べてる人の
多いこと!
バケツじゃないんだから

材料(2人分)

スパゲッティ(乾麺)……150g
玉ねぎ……½個(100g)
グルテンバーガー……70g
※大豆ミート(乾燥・ミンチ)30gでもOK
ピーマン……小2個(60g)
干ししいたけ……1枚
※水½カップでもどし、もどし汁は
　Aで使う
にんにく、しょうが……各½片
青じそ……5枚
※冬は小ねぎでもOK
オリーブオイル……小さじ2
のり……適量
A(みそソース)
　みそ……大さじ2
　しょうゆ……小さじ1
　くず粉(または片栗粉)……小さじ1
　干ししいたけのもどし汁……½カップ

作り方

① 玉ねぎ、ピーマン、もどした干ししいたけ、にんにく、しょうがをすべて粗みじん切りにする。青じそはせん切りに(小ねぎなら小口切り)。
② フライパンにオリーブオイルを中火で熱し、にんにくを入れて香りが立ったら、玉ねぎを加えて透明になるまで炒める。ピーマン、しいたけ、しょうが、グルテンバーガーの順に加えて炒める。よく混ぜたAで味をととのえ、煮汁が半量になるまで煮込む。
③ スパゲッティを袋の表示どおりにゆで、ザルにあげて水気をきり、オリーブオイル少量(分量外)をかけて混ぜておく。
④ 器に❸を盛り、❷をかけて、青じそ、細切りにしたのりを散らす。

免疫力ぐんぐんアップの鍵

みそは「みその医者殺し」と伝えられるほど栄養価が高い。大豆の良質なたんぱく質が、醸造によって消化吸収されやすくなっている。コレステロールを下げるリノール酸が多い。コリンという成分が肝臓の働きをよくするので、二日酔いにもみそ汁はおすすめ。

楽しい！おいしい！
サンドイッチ
4種

野菜の甘さ、うまさを
とびきり感じる
サンドイッチ。

よねのつぶやき

今日もお疲れさま！
お茶しよう。
小腹もすいたね。
サンドイッチがいいかな

材料（２～３人分）

食パン（10枚切り）……８枚

A

- にんじん……小１本（100g）
- 特製マヨネーズ（P70参照）……適量
- 塩……少量

B

- りんご……小１個
- レーズン……30g
- 特製マヨネーズ……適量

C

- ほうれん草……½わ
- 特製マヨネーズ……適量
- 塩……少量

D

- 卵……２個
- 特製マヨネーズ……適量
- 塩……少量

パセリ（お好みで）……適量

免疫力ぐんぐんアップの鍵

りんごには、リンゴ酸やクエン酸が含まれ、ポリフェノール、食物繊維も豊富。食物繊維のペクチンが、体内で水分を吸収し、ゼリー状の膜になって腸壁を保護し、排便を促進する。下痢のときには特によい。

作り方

① 具材を作る。Aのにんじんは皮つきのままよく洗い、すりおろす。水気を軽くしぼり、マヨネーズと塩で味をととのえる。Bのりんごは皮をむいて（無農薬ならそのまま）すりおろし、水気を軽くしぼる。レーズンを刻み、りんご、マヨネーズとあえる。Cのほうれん草はゆでて水気をよくしぼり、細かく刻んだら、マヨネーズと塩であえる。Dは沸騰したお湯に卵を入れて8分ゆでたら、火を止めて2分蒸らす。水で冷やし殻をむき、器に入れフォークで粗くつぶし、マヨネーズと塩であえる。

② 食パン2枚ずつに、A～Dの具材をそれぞれはさんで、食べやすい大きさに切る。包丁を濡れぶきんで拭きながら切ると、断面がきれいに切れる。耳は切り落とさずに一緒に。お好みでパセリを添える。

調理メモ

- パンに具材をはさんですぐに食べない場合は、パンの乾燥を防ぐため、水に濡らしてしぼったペーパータオルで包んでおく。
- にんじん、りんごをしぼったあとの汁は、飲む。

野菜たっぷり完熟トマトソース

材料（作りやすい分量）
完熟トマト …… 10個（1.5kg）
※ 缶詰めでもOK
　その場合は400gを 4 缶
にんにく …… 1 片
玉ねぎ …… 1 個（200g）
ピーマン …… 1 個（30g）
セロリ …… ½本
干ししいたけ …… 2 枚
ローリエ …… 1 ～ 2 枚
塩 …… 大さじ 1
しょうゆ …… 大さじ½
酢 …… 小さじ 1
オリーブオイル …… 大さじ 2

栄養成分がとっても豊富！

調理メモ
トマトソースを冷凍するときは、ジッパー付きの保存袋に平らに入れて、空気を抜くこと。
冷凍の目安：2カ月

作り方

① トマトはざく切り、玉ねぎ、ピーマン、セロリ、もどした干ししいたけは粗みじん切り、にんにくはみじん切りにする。

② 鍋にオリーブオイルを中火で熱し、にんにくを入れて香りが立ったら、玉ねぎを加えて透き通るまで炒める。ピーマン、セロリ、しいたけの順に加えて炒め、しんなりしたら、トマト、酢、塩、ローリエを加え少し煮る。トマトの水分が出たら、しょうゆを加えて、弱火で30分以上煮る。半量になり、コクが出たらでき上がり。

免疫力ぐんぐんアップの鍵

「トマトが赤くなると医者が青くなる」といわれるほど、トマトにはビタミンA、B、C、E、リコピン、β-カロテン等、栄養成分がとっても豊富。しかも、低カロリー。老化、糖尿病、肥満を抑制。

第 3 章

命をやしなう 一汁

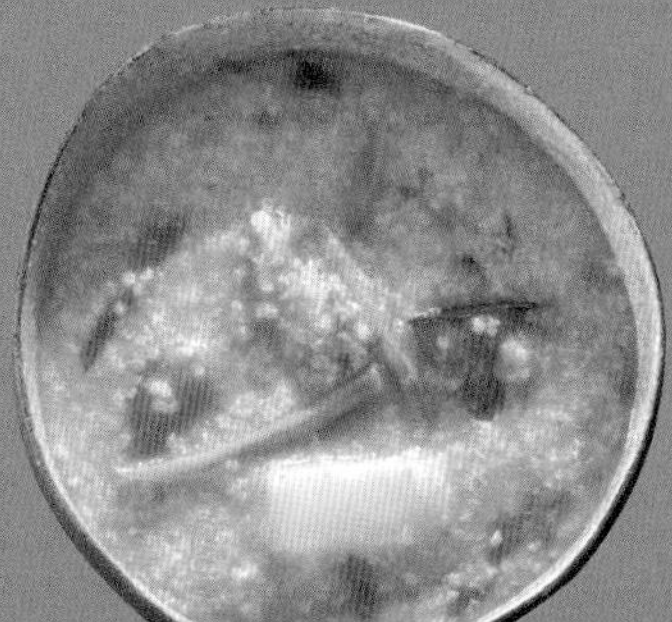

野菜たっぷりの五目みそ汁

何がなくとも、みそ汁一杯だね。具だくさんだからおかずがなくてもいいくらい。

よねのつぶやき

根がなければ
木は枯れるよね。
食の基本も
ご飯とみそ汁

材料（2～3人分）
大根 …… 20g
にんじん …… 20g
長ねぎ …… ⅓本
ごぼう …… 15g
干ししいたけ …… 1枚
※水½カップでもどし、もどし汁は煮干しだしと合わせて使う
豆腐 …… ⅓丁
こんにゃく …… ¼丁
わかめ …… 少量
煮干しだし（P13参照）＋干ししいたけのもどし汁…… 3カップ強
みそ …… 大さじ2強
※長期熟成のみそがおすすめ
ごま油 …… 小さじ2

作り方

① 大根はいちょう切り、にんじんとアク抜きしたこんにゃくは短冊切りに。長ねぎは小口切り、ごぼうは、ささがきにする。もどした干ししいたけは細切り、豆腐はさいの目切り、わかめは食べやすい大きさに切る。

② 鍋にごま油を中火で熱し、ごぼうを香りが出るまで炒め、にんじん、大根、しいたけ、こんにゃくの順に加えて、さっと炒める。煮干しだしと干ししいたけのもどし汁を加え、ごぼうがやわらかくなるまで煮る。

③ みそを溶かし入れ、わかめと豆腐を加えて、3分ほど煮る。火を止めて長ねぎを入れる。

調理メモ

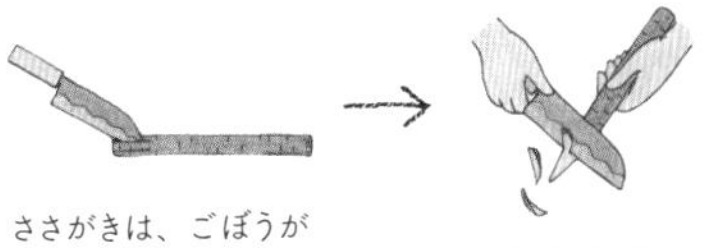

ささがきは、ごぼうが太いときは縦に3～4本切れ目を入れて

ごぼうを回しながら少しずつそぎ切りする

免疫力ぐんぐんアップの鍵

みそに豊富に含まれるカリウムが塩分を排出するので、高血圧を予防。アルギン酸（食物繊維）はコレステロール値を下げる働きをする。

調味料メモ

【6年みそ】長く仕込んで発酵した天然醸造のみそは、微生物が増えていて、腸内環境をいっそうととのえ、細胞の活動を活発にする。古いほど薬効があり、長く溜まって動かない毒素も老廃物も流し、栄養素の吸収力を助ける。長くねかせるほど味はさっぱりするので、写真のような6年ものの場合は、香りのいい1年ものをブレンドすると美味。

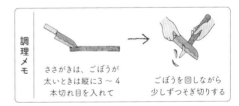

豆腐だんごの
あったかスープ

野菜スープに豆腐だんごが入っているのが嬉しい。

よねのつぶやき

眠れないというあなた、
手足が温まってくると、
ほら、だんだんと
眠くなってきたでしょう。
楽しい夢見てね

材料（2〜3人分）

A（豆腐だんご）
- 木綿豆腐……⅓丁
- 小麦粉……大さじ2
- くず粉（または片栗粉）……大さじ1½
- 塩……少量

玉ねぎ……½個（100g）
白菜……80g
しめじ……30g
長ねぎ……⅓本
桜えび（乾燥）……3g
しょうが……少量
酒、塩……各小さじ1
しょうゆ……大さじ1
ごま油……大さじ½
水……3½カップ

作り方

① 玉ねぎは粗みじん切り、白菜は細切り、長ねぎは斜め切りにする。しめじは石づきを除いてほぐす。しょうがはすりおろす。

② 豆腐だんごを作る。ボウルにAを入れて、手でよく混ぜ、直径2㎝くらいに丸める。

③ 鍋にごま油を熱し、玉ねぎを加えて、透明になるまで弱火で炒めて、甘みをだす。白菜、しめじを入れてさっと炒めたら、水を加えて野菜がやわらかくなるまで煮る。

④ 桜えびと酒を加えて、中火で3〜4分煮たら、煮立てたなかに豆腐だんごを加えて、全部入れてから3分ほど煮る。長ねぎを加えて、塩、しょうゆを入れたら火を止め、しょうがを入れる。

免疫力ぐんぐんアップの鍵

長ねぎは風邪の特効薬（せきをしずめ、たんを切る）。白い部分にはアリシンという成分が豊富で胃液の分泌をよくする。アリシンは揮発性なので、水にさらしたり長く加熱しないこと。緑の部分にはカロテン、カルシウムが豊富。においには神経を休める働きもある。

栄養たっぷりの雑穀スープ

雑穀は内臓強化に有効。
野菜と煮込むとトロリとして
すごくおいしい。

道ばたに健気に咲く
野の花は
生命力がたくましい。
雑穀と同じ

材料（２～３人分）

玉ねぎ……½個（100g）
にんにく……1片
じゃが芋……1個（100g）
かぼちゃ……100g
にんじん……½本（70g）
トマト……½個
いんげん……２～３本
ひえ……大さじ２
※あわ、きびでもOK
ローリエ……1～２枚
塩……小さじ1弱
オリーブオイル……大さじ½
水……３カップ強

作り方

① 玉ねぎ、にんにくはみじん切り、じゃが芋、かぼちゃ、にんじん、トマトは乱切りにする。いんげんは塩ゆでしてから3等分に切る。ひえは水で洗ってから、浸水させておく。
② 鍋にオリーブオイルを中火で熱し、にんにくを加えて香りが立ったら弱火にし、玉ねぎを加えて透明になるまでじっくり炒め、さらに1～2分炒める。
③ にんじん、じゃが芋、かぼちゃの順に加えて炒める。水、水気をきったひえ、トマト、ローリエを加えて、野菜がやわらかくなるまで20分ほど煮込む。
④ 塩で味をととのえ、とろみが出てくるまでさらに煮込む。器に盛り、いんげんをのせる。

免疫力ぐんぐんアップの鍵

雑穀は、炭水化物の代謝をサポートするビタミンB_1や、不足しがちなカルシウムや鉄、カリウム等のミネラルが多いので、内臓の強化になる。

グリーンの恵み ポタージュ

ほうれん草と豆乳のまろやかなスープ。グリンピースでもおいしい。

山や木々の緑は心を
なごませてくれる色。
つらいときは
散歩でもしよう

材料（2～3人分）

ほうれん草 …… 1束（200g）
※グリンピースの場合は、ゆでてさやからはずした1カップ分
玉ねぎ …… ½個（100g）
豆乳 …… 1カップ
小麦粉 …… 大さじ1½
塩 …… 小さじ1
オリーブオイル …… 大さじ½
クルトン（お好みで） …… 適量
水 …… 2カップ＋½カップ

作り方

① 玉ねぎはみじん切りにし、フライパンにオリーブオイルを中火で熱し、玉ねぎを加えて透明になったら弱火にして、甘みが出るまで4～5分炒める。
② 鍋に湯を沸かし、ほうれん草をさっとゆでる。冷水にとり、水気をしぼったら、3㎝幅に切る。ミキサーにほうれん草と❶と水2カップを入れて、ペースト状にし、鍋に入れる。
③ 小麦粉を水½カップで溶き、❷に入れて混ぜる。
④ 塩を入れて、中火で5分煮る。火を止めて豆乳を加える。器に盛り、食べる直前にお好みでクルトンを浮かべる。

免疫力ぐんぐんアップの鍵

ほうれん草は、鉄分をはじめビタミンA、B_1、B_2、B_6、マンガン等に増血作用があるため貧血によい。さらに鉄分の吸収を高めるビタミンCを含む。

調理メモ　［クルトンの作り方］食パンの耳を取って、5㎜角に切り、色よくカラッと揚げる。

にんじんと玄米のオーロラスープ

玄米のとろみと
にんじんの甘さで、
美しくおいしいスープ。
病気療養中のときにもよい。

どんな病気にも
とらわれず、
心の窓を開けよう。
ほら、虹が見えるよ!!

材料（2～3人分）

豆乳 ……… 1カップ
にんじん ……… 小1本(100g)
玉ねぎ ……… ½個(100g)
玄米ご飯 ……… 50g
塩 ……… 小さじ1
お好みの植物油 ……… 大さじ½
※オリーブオイル、米油等
水 ……… 3カップ
パセリ(お好みで) ……… 適量

作り方

① 玉ねぎは粗みじん切り、皮つきのままよく洗ったにんじんは厚さ5㎜の輪切りにする。
② 鍋に油を中火で熱し、玉ねぎを加え、透き通ったら弱火にし、甘みが出るまで5分ほどじっくり炒める。にんじんを加えて、さっと混ぜる。
③ ❷に玄米ご飯、水を入れて、にんじんがやわらかくなるまで5分ほど煮る。塩を加えて火を止める。
④ ❸が冷めたらミキサーに入れて、2分くらいかけてペースト状にする。鍋にもどして火にかけ、温まったら火を止めて、豆乳を入れる(沸騰すると分離するため)。器に盛り、お好みでパセリのみじん切りを散らす。

免疫力ぐんぐんアップの鍵

にんじんのβ-カロテンが皮膚や粘膜を健康にし、風邪の予防や、目を乾燥から守り、視力も維持してくれる。抗酸化作用も強く、肌の老化やがんの予防効果もある。脂溶性なので、油で調理すると吸収率が上がる。

よねさんの健康マヨネーズ&みそ

ソイマヨネーズ

材料（作りやすい分量）
大豆水煮 …… 1カップ
レモン汁 …… 1個分
オリーブオイル …… 80mℓ
米酢 …… 30mℓ
はちみつ…… 小さじ1
塩 …… 小さじ½

作り方
ミキサーに材料をすべて入れ、クリーム状になるまで混ぜる。
※水分不足でミキサーが回りにくいときは、レモン汁か大豆の煮汁を少量足す。

蒸し野菜や生野菜にかけてどうぞ。

特製マヨネーズ

材料（作りやすい分量）
卵黄 …… 2個
穀物酢 …… 大さじ3
植物油 …… 200mℓ
※オリーブオイル、米油、紅花油がおすすめ
塩 …… 小さじ1

作り方
① ボウルに卵黄を入れ、泡立て器でよく混ぜる。残りの材料のうち、まずは塩少量、酢1滴を加えてよく混ぜる。
② 油を少しずつ加えながら、よく混ぜ合わせる。油大さじ6くらいでかたまってきたら、酢、塩、油を交互に少しずつ入れながら、そのつど混ぜる。
③ 酢、塩、油が全部入り、白っぽいクリーム状になったらでき上がり。

しぐれみそ

材料（作りやすい分量）
1年みそ …… 100g
6年みそ …… 100g
※普通のみそ200gでもOK
玉ねぎ …… 100g
ごぼう、れんこん …… 各50g
にんじん …… 30g
かつおだし（P13参照） …… 2カップ
しょうが、にんにく …… 各1片（10g）
ごま油 …… 大さじ2＋大さじ1

作り方
① 玉ねぎ、ごぼう、れんこん、にんじん、しょうが、にんにくはすべてみじん切りにする。
② 鍋にごま油大さじ2を弱火で熱し、にんにくを入れて香りが立ったら、玉ねぎを加えて透明になるまで炒める。ごぼう、れんこん、にんじん、しょうがの順に加えて、10分ほどしっかり炒める。
③ ❷を鍋の端に寄せ、鍋の中央にごま油大さじ1をひき、みそを加えて軽く炒めてから、端に寄せた❷と合わせてよく混ぜる(a)。
④ かつおだしを加えてときどきかき混ぜながら、弱火で30分ほど煮詰める(b)。

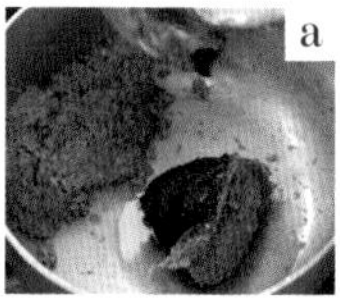

a

b

ゆでた大根、里芋、こんにゃく等によく合う。体が温まり貧血等によい。

第4章

「おいしい!」
「また食べたい!」
大人気のメニュー10

ヘルシードライカレー

大豆を入れて まろやかな風味に。たんぱく質(プロテイン)も しっかり摂れる!

よねのつぶやき

雨降れば地固まる。ウエットの日があってもいいのよ。そんな日に最適なドライカレー

材料(2～3人分)

大豆(水煮) ……. ½カップ(70g)
※ひよこ豆の水煮でもOK
にんにく、しょうが ……. 各1片
玉ねぎ ……. ½個(100g)
ズッキーニ ……. ½本(100g)
にんじん ……. ½本(70g)
セロリ ……. ⅓本(30g)
※セロリの葉を適宜入れても美味
干ししいたけ ……. 1枚
※水½カップでもどし、もどし汁は③で使用
トマト(できれば完熟) ……. 2個(300g)
※ホールトマト缶½でもOK
ローリエ ……. 1枚
カレー粉 ……. 小さじ2～3
塩、しょうゆ ……. 各小さじ1
オリーブオイル ……. 大さじ1
玄米ご飯(温かいもの) ……. 適量

作り方

① 玉ねぎ、にんにく、しょうがは粗みじん切り、ズッキーニ、にんじん、セロリはさいの目に切る。干ししいたけは水½カップでもどした後、さいの目切りに。トマトはざく切り。
② 鍋にオリーブオイルを熱し、にんにく、しょうがを弱火で炒め、玉ねぎを加えて、透き通るまで炒める。にんじん、干ししいたけ、ズッキーニ、セロリ、トマト、大豆の順に加えて炒める。
③ 野菜に火が通ったら、干ししいたけのもどし汁、ローリエも加える。カレー粉を入れ、塩、しょうゆを加え、ふたをせずに水分がなくなるまで、ときどき混ぜながら中火で煮る。
④ 器にご飯を盛り、❸をかける。

免疫力ぐんぐんアップの鍵

にんにくのにおいの素の成分アリシンが、強力な殺菌作用をもっている。スコルジンという成分はコレステロール値を下げ、血圧を安定させる。豊富に含まれるビタミンB_1には、スタミナ増強効果がある。しょうがの辛み成分のジンゲロンとショウガオールには、発汗作用があり、胃液の分泌をよくして消化吸収を促し、食中毒の予防にもなる。

和そばで作る焼きそば

和そばで
焼きそばを作るなんて！
野菜たっぷりで、
あっと驚くおいしさ。

マンネリはつまらない。
変身しよう！
ごま油と桜えびの香りが
食欲をそそるよ

材料（2人分）

和そば（乾麺）……150g
キャベツ……5枚（250g）
玉ねぎ……½個（100g）
もやし……⅓袋（80g）
にんじん……30g
ピーマン……1個
にら……⅓わ
にんにく……½片
桜えび（乾燥）……大さじ1（5g）
白炒りごま……大さじ1
しょうゆ……大さじ2
塩……小さじ½
ごま油……大さじ1
紅しょうが（P99参照）、青のり
……各適量

作り方

① キャベツはざく切り（芯は薄切り）、玉ねぎは縦半分に切ってから、薄切りにする。にんじん、ピーマンは細切り、にらは長さ3㎝に切り、にんにくはみじん切りにする。

② 和そばは袋の表示よりも30秒ほど短めにゆで、流水でさっと洗い、ザルにあげて水気をきる。

③ フライパンにごま油を中火で熱し、にんにくを炒めて香りが出たら、玉ねぎ、キャベツの芯を加えて炒める。しんなりしてきたら、にんじん、キャベツ、ピーマン、もやし、にら、桜えびの順に加え、野菜に火が通ったら、塩をふる。

④ ❷を加えて、野菜と混ぜながら炒める。フライパンの端からしょうゆを回し入れ、味をととのえる。器に盛り、手びねりした白炒りごまをふる。紅しょうが、青のりをトッピングする。

免疫力ぐんぐんアップの鍵

キャベツに多く含まれるビタミンU、別名「キャベジン」は、胃の粘膜を丈夫にし、傷ついた胃の回復を助け、潰瘍を抑える効果がある。ビタミンCも豊富で淡色野菜ではトップクラス。

さわやかな香りの しそご飯

だるい体が、赤しそ(梅干しに漬けたもの)の酸っぱさでシャンとなる。青じその香りで食欲もアップ。

だるい、だるいと、
ぐうたらしていたら
〝三年寝太郎〟になるよ

材料(2〜3人分)

A

- 胚芽米(または半つき米)
- きび …… 大さじ2
  - (胚芽米ときびで)計2カップ
- 酒 …… 大さじ1
- 昆布 …… 10㎝角1枚
- 水 …… 2½カップ

B

- ちりめんじゃこ …… ⅓カップ
- 梅酢 …… 小さじ1

ゆでてさやからはずした枝豆 …… ⅓カップ
※季節によりグリンピース½カップ、銀杏8粒でもOK
青じそ …… 7枚
梅干しの赤しそ …… 大さじ1
白炒りごま …… 大さじ1½
赤しそのふりかけ(ゆかり)…… 小さじ1½

作り方

① 土鍋にAを入れて炊く。※厚手の鍋や炊飯器で炊いてもOK。
② Bを混ぜておき、青じそはせん切り、梅干しの赤しそは粗みじん切りに。白炒りごまは包丁で粗く刻んでおく。
③ ❶が炊けたら、粗熱を少し取り、赤しそとごま、枝豆を加えて、さっくりと混ぜ合わせる。
④ 器に盛り、青じそと赤しそのふりかけをふる。

※玄米で作ってもおいしい。

免疫力ぐんぐんアップの鍵

赤しそには殺菌、防腐、抗菌作用がある。青じそはビタミンB_1やβ-カロテンも豊富。胃腸の不調にも有効で、健胃作用や消化促進効果もある。ちなみに、しその実の油にはα-リノレイン酸がたっぷり含まれているので、アレルギー等の体質改善に使われる。

彩り野菜のスパニッシュオムレツ

トマトとじゃが芋の相性は抜群。満足感たっぷりのオムレツ。

野菜も、人も、
個性があって
おもしろいね。
それを生かそうよ

材料（21cmのフライパンを使用）

玉ねぎ……½個（100g）
トマト……小1個（100g）
じゃが芋……½個（75g）
卵……3個
絹さや……5枚
大豆ミート（乾燥・ミンチ）……10g
オリーブオイル……大さじ½＋½
塩……小さじ½
しょうゆ（お好みで）……適量

作り方

① 玉ねぎは縦薄切り、じゃが芋は薄いいちょう切り、トマトはひと口大に、絹さやは2～3mm幅の斜め切りにする。大豆ミートは袋の表示どおりにもどし、水気をしぼる。卵はボウルに溶きほぐしておく。

② フライパンにオリーブオイル大さじ½を中火で熱し、玉ねぎを炒める。しんなりしたらじゃが芋、絹さや、大豆ミート、トマトの順に加えて炒める。じゃが芋に透明感が出たら、塩をふり入れて混ぜ、火を止める。ボウルに入れて粗熱が取れたら、卵と混ぜる。

③ フライパンを洗って拭き、温めてオリーブオイル大さじ½を入れて、中火で❷を流し入れ、弱火にして平らなふたをして焼く。表面が乾いてきたら、ひっくり返して卵をふたにのせ、そのまますべらせるようにフライパンにもどし、ふたをして反対側も弱火で2分ほど焼いたら器に取る。お好みでしょうゆをかける。

免疫力ぐんぐんアップの鍵

トマトにはビタミンA、C、Eが豊富に含まれ免疫力が上がり、肌や内臓の疲れも取る。

にんじん元気サラダ

にんじんの色は
元気が出る色。
梅酢を使って
止まらなくなるおいしさ!

泣きたいときは
思いっきり泣いてね。
気持ちが晴れるよ。
そして、にんじんサラダ
を食べる。元気が
ムクムク湧いてくるよ!

材料(作りやすい量)

にんじん ……… 小1本(100g)

- オリーブオイル ……… 大さじ1 ½
- 梅酢 ……… 大さじ1
- はちみつ ……… 小さじ ½

パセリ(お好みで)……… 適量

作り方

① にんじんは薄い斜め切りにした後、縦長の向きで極細いせん切りにする。

② ボウルにはちみつを入れ、オリーブオイル、梅酢を少しずつ交互に入れてドロリとしたドレッシングを作る。

③ ❷に❶を加えてあえる。5分くらいおいたら、器に盛り、お好みで刻んだパセリを散らす。

免疫力ぐんぐんアップの鍵

パセリには、β-カロテン、ビタミン類、鉄等のミネラルが多く、食物繊維も豊富。胃腸の働きをよくし、利尿作用がある。刻んでスープ、サラダ等に利用を。

すいとん風れんこん汁

えっ！　これ、れんこんのすいとんなの？なつかしい味で心と体の調子が回復！

体が弱って食欲がない？
これで元気が出るよ！
落ち込んだときは、
心も体も元気になる、
やさしい味の
スープがいちばん

材料（2～3人分）

A（れんこんだんご）

- れんこん …… 90g
- 小麦粉 …… 大さじ4
- くず粉（または片栗粉）…… 大さじ1
- 塩 …… 小さじ¼

長ねぎ …… ½本

干ししいたけ …… 大1枚

※水½カップでもどし、もどし汁は③で使用

きくらげ（乾燥）…… 1～2枚

かつおだし（P13参照）…… 4カップ

しょうゆ …… 大さじ1

塩 …… 小さじ½

作り方

① 干ししいたけときくらげはそれぞれ水でもどした後、細切りにする。長ねぎは斜め薄切りにする。

② れんこんだんごを作る。れんこんは皮ごとすりおろし、Aの残りの材料を加えて、均一になるまでよく混ぜる。

③ 鍋にかつおだし、干ししいたけのもどし汁を入れて中火で煮立て、しいたけを加えて、しょうゆと塩で味をととのえる。きくらげを加え、軽く煮立っているところに、スプーンで❷をひと口大ずつすくって加え、5分ほど煮る。

④ 長ねぎを入れ、火が通るまで1分ほど煮て火を止める。

免疫力ぐんぐんアップの鍵

れんこんに含まれるねばり成分のムチンが粘膜を保護し、胃腸を健康に保つ。アク成分のタンニンには消炎・止血作用、自律神経を整える働きがある。せき止めにも有効。

いろいろ豆の元気スープ

玉ねぎの甘みと豆のコクで、うまみ倍増。

よねのつぶやき

くよくよしたって
しょうがない。
豆で達者で、
みんな元気に
生きよう!!

材料（2〜3人分）

お好みのゆでた豆 ……… 1カップ
※ 大豆、金時豆等ミックスしてOK
水 ……… 5カップ
じゃが芋 ……… 1個(150g)
玉ねぎ ……… ½個(100g)
にんにく ……… 1片
にんじん ……… ⅓本(50g)
いんげん ……… 2〜3本
トマト ……… 1個(150g)
※ ホールトマト缶 ½缶でもOK
ローリエ ……… 1枚
塩 ……… 小さじ2弱
オリーブオイル ……… 大さじ1

作り方

① 玉ねぎ、にんにくはみじん切り、にんじん、トマト、皮をむいたじゃが芋は小さめの乱切りに、いんげんは2㎝長さくらいに切る。
② 鍋にオリーブオイルを弱火で熱し、にんにくを炒めて香りが立ったら、玉ねぎを加える。透明感が出てぺたっとしてきたら、じゃが芋、にんじん、トマトを加えて、さっと炒める。
③ ゆでた豆、水、ローリエを加えて、野菜がやわらかくなるまで15分ほど煮る。
④ 塩で味をととのえ、いんげんを加える。とろみが出るまで5分ほど煮たら火を止める。

免疫力ぐんぐんアップの鍵

豆類は炭水化物、良質のたんぱく質、ビタミン、ミネラル等の栄養をバランスよく含んでいるうえ、食物繊維やポリフェノール等の機能性成分も豊富。豆に多い不溶性食物繊維は便秘を改善し、大腸がんの予防効果も。

さば缶
麻婆豆腐

さば缶でこんなにおいしい麻婆ができるなんて！長ねぎも入るから疲れもとれる。

アレでなければ、
コレでなければ、なんて
とらわれていないで、
もっと〝さばさば〟
生きようよ

材料（2〜3人分）

さばの水煮缶 …… 1缶
※ツナ缶でもOK
木綿豆腐 …… ½丁
玉ねぎ …… ½個(100g)
長ねぎ …… ½本
にら …… ⅓わ
干ししいたけ …… 2枚
※水1カップでもどし、もどし汁はAで使用
にんにく、しょうが …… 各1片
ごま油 …… 大さじ1
一味唐辛子等(お好みで)…… 適量
A
くず粉(または片栗粉)…… 大さじ1
干ししいたけのもどし汁…… 1カップ
みそ …… 大さじ1
しょうゆ …… 大さじ1弱

作り方

① にんにく、しょうがをみじん切りにする。豆腐は軽く水切りしたあと、1.5㎝角に切る。玉ねぎ、もどした干ししいたけは粗みじん、にらは長さ2㎝に、長ねぎは小口切りにする。

② ボウルにAの材料を、くず粉、干ししいたけのもどし汁、みそ、しょうゆの順で加えてよく混ぜる。

③ フライパンにごま油を弱火で熱し、にんにく、しょうがを炒めて香りが立ったら、玉ねぎを加えて透き通ってしんなりするまで中火で炒める。しいたけも加えてさっと炒める。

④ さば缶と❷を混ぜながら入れて全体を混ぜ、豆腐も加える。長ねぎ、にらを入れ、中火で豆腐を崩さないように、フライパンの底からゆっくりかき混ぜ、2〜3分煮る。器に盛り、お好みで一味唐辛子等をふる。

免疫力ぐんぐんアップの鍵

青魚の中でもさばは、DHA、EPAの含有量がトップクラス。コレステロール値を下げて、動脈硬化の予防や、脳を活性化する効果も。さばの煮汁にはDHA、EPAなど水溶性の栄養が溶け出ているので、汁ごと使う。

野菜たっぷり揚げ出し豆腐

豆腐に野菜が加わり、栄養満点。とろみがついて味も満足。

よねのつぶやき

何でもためすぎたらダメ。
ストレスも便秘も。
出したら
ラクになるよ!!

材料（2人分）

豆腐 …… ½丁
まぶし用のくず粉（または片栗粉）
…… 大さじ1½
にんじん …… 25g
しめじ …… ¼パック
絹さや（またはいんげん）…… 3枚
塩 …… ひとつまみ
ごま油 …… 大さじ½
揚げ油 …… 適量
A
くず粉（または片栗粉）…… 大さじ1
かつおだし（P13参照）
…… ¾カップ（150㎖）
しょうゆ、みりん …… 各大さじ1

作り方

① にんじんは長さ3㎝の細切り、しめじはほぐし、絹さやは斜め細切りにする。
② 豆腐は水切りし（ザルの上にのせて皿などで重しをして5分ほどおく）、2等分にする。くず粉をまぶして、中温（約170度）の揚げ油に入れ、表面がカリッとするまで揚げる。
③ フライパンにごま油を中火で熱し、にんじん、しめじを炒めて、しんなりしてきたら、絹さやを加えて塩をふる。よく混ぜたAを加えて木ベラでかき混ぜ、2分くらい混ぜながら火を通す。
④ 器に❷を盛って、❸をかける。

免疫力ぐんぐんアップの鍵

しめじは特に食物繊維が豊富なので、便秘を解消し、生活習慣病の予防をする。アミノ酸のリジン、ビタミンB群、ビタミンD群も含んでいて、肥満予防にも。

シャケなグラタン

鮭とベストコンビの豆乳のホワイトソースでうまみがグッと増す。

よねのつぶやき

欠点も長所になることあるよね。ダメな人間っていないんだよ

材料（24㎝くらいの耐熱皿）

生鮭（切り身）……大1切れ
玉ねぎ……1個（200g）
じゃが芋……1個（150g）
ブロッコリー……½株
塩……小さじ½
パン粉……大さじ2〜3
オリーブオイル……適量
粉チーズ（お好みで）……適量
A（ホワイトソース）
　豆乳……500㎖
　オリーブオイル……40㎖
　小麦粉……40g
　塩……小さじ½

作り方

① ホワイトソースを作る。フライパンにオリーブオイルを弱火で熱し、小麦粉を入れて粉っぽさがなくなるまで木ベラで混ぜながら炒める。火を止めて、豆乳を一度に加えて、泡立て器でよく混ぜる。均一に混ざったら塩を加える。弱火にかけ、木ベラでとろみが出るまでかき混ぜる。
② 玉ねぎは粗みじん切りにし、熱したフライパンにオリーブオイル適量を入れ、透き通るまで炒める。じゃが芋は皮をむいてひと口大に切ってゆでる。ブロッコリーも小房に分けて、ゆでる。
③ フライパンにオリーブオイル適量を中火で熱し、鮭を焼いて、皮や骨を除き、6〜8等分に切る。
④ 耐熱皿にオリーブオイル適量を塗り、ホワイトソース2/3量をしき、玉ねぎ、じゃが芋、ブロッコリー、鮭をバランスよく並べ、塩をふって、上に残りのホワイトソースをかける。パン粉をふり、180度に熱したオーブンで20分くらい焼く。お好みで、粉チーズをふる。

免疫力ぐんぐんアップの鍵

鮭に含まれるビタミン類は胃腸を温め、血液の循環を促進し、肩こりや眼の疲れもやわらげる。DHAが脳の細胞を活性化させる。ブロッコリーには免疫力を上げるビタミンCやβ-カロテンのほか、カルシウム、鉄分等が豊富に含まれる。

梅干し

初心者でも簡単においしくできるよ！

材料（作りやすい分量）
完熟梅 …… 3kg
赤しそ …… 300g
塩 …… 540g＋60g
※ 梅の18 ～ 20％の塩分にする

（用意するもの）
漬け込む容器（酸に弱いプラスチックや金属製は避け、ホウロウ・ガラス・陶器製を）
重し6kg（梅の２倍の重さ）
押しぶた（漬け込む容器の口径の８割ほどの大きさで、平皿でも代用可）
※ 漬け込む容器、重し、押しぶたはきれいに洗ったらよく乾かす

よねのつぶやき

昔から、具合が悪いというとすぐ梅干し。どんな病にも魔法の薬

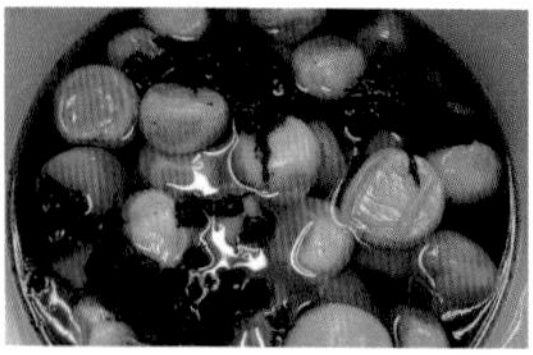

作り方

① 梅を水洗いし、ヘタを取って、ひと粒ずつ水気をよく拭き取る。
② 漬け込む容器に、梅と塩540gを交互に入れて漬ける。
③ 押しぶたをして重しを置く。紙でおおい、赤しそが出る時期まで冷暗所へ。
④ 赤しそを洗い、塩30gでもみ、黒いアク汁を出して捨てる、を2回繰り返す。
⑤ 梅をざるの上にすべて取り出す。容器に溜まっている梅酢を、ボウルに入れた❹にかけてよく混ぜる。このとき、梅酢がきれいな赤になる。
⑥ 容器に梅と赤じそを交互に重ねて、押しぶた、重しをして冷暗所へ。
⑦ 晴天が続く夏の土用の時期（7月下旬～８月上旬）、三日三晩干す。赤しそはしぼってから、梅酢も容器ごと一緒に干す。
⑧ 梅と赤しそを容器にもどし、梅は重しをしないで押しぶたをして保存する。

第 5 章

野菜の力を
いただく副菜

根菜の煮物

材料（作りやすい量）

車麩 …… 1枚
※厚揚げ、油揚げでもOK
にんじん …… 小1本（100g）
れんこん、ごぼう
…… 各70g
こんにゃく …… ⅓丁
干ししいたけ …… 2枚
絹さや（またはいんげん）
…… 適量
かつおだし（P13参照）
…… 3カップ
しょうゆ …… 大さじ2½
みりん …… 大さじ1½
ごま油 …… 大さじ1

作り方

① 車麩は水でもどしてから8等分に切り、水気をよくしぼる。フライパンに多めの油（分量外）をひき、両面をこんがり焼く（車麩にコクが出る）。
② にんじん、れんこん、ごぼうは乱切り、こんにゃくは手綱結びにする（三角に切っても、手でちぎってもOK）。干ししいたけは水でもどしてから、そぎ切りにする。絹さやはゆでておく。
③ 鍋にごま油をひき、ごぼう、れんこん、にんじんの順に入れて、さっと炒める。しいたけ、こんにゃくも加え、かつおだしを入れて、野菜がやわらかくなるまで弱火で10分くらい煮る。
④ 車麩を加え、みりん、しょうゆで味をつけて、煮汁がなくなるまでさらに煮含める。器に盛り、絹さやを飾る。

よねのつぶやき

私、何やっても
続かないのよ。
あきっぽいのかしら、
根性がないのかしら？
じゃあ〝根（こん）〟の
つくものを食べてみよう！

調理メモ　煮る途中、根菜のアクは、ミネラル等大切な栄養なので取らなくてもよいですが、気になるなら取りましょう。

メチャおいしくて栄養満点！

おからの煮物

材料（作りやすい量）

おから …… 100g
ごぼう …… 50g
にんじん …… 30g
干ししいたけ …… 1枚
油揚げ …… ½枚
かつおだし（P13参照）
…… 1½カップ
しょうゆ …… 大さじ1
みりん、ごま油
…… 各小さじ2
塩 …… 少量

作り方

① ごぼうは細めのささがき、にんじんは3㎝長さの細切り、干ししいたけは水でもどしてから細切りにする。油揚げは縦半分に切って細めの短冊切りに。
② 鍋にごま油を中火で熱し、ごぼうを入れてよく炒める。にんじん、しいたけ、油揚げを加えてさっと炒めたら、かつおだしを入れて、おからを加える。野菜がやわらかくなったら弱火にし、みりん、塩、しょうゆの順で加えて、7～8分煮て味をなじませる。

ひじきの煮物

材料（作りやすい量）

ひじき（乾燥）……20g
※水1½カップでもどし、
　もどし汁は②で使用
にんじん……⅓本（50g）
油揚げ……1枚
干ししいたけ……2枚
※水1カップでもどし、
　もどし汁は②で使用
しょうゆ……大さじ1
みりん……小さじ2
ごま油……大さじ1

作り方

① ひじきをもどして、水気をきったら、食べやすい長さに切る。にんじんは3cm長さの細切り、油揚げは縦半分に切って細切り、もどした干ししいたけも細切りにする。
② 鍋にごま油を中火で熱し、ひじき、にんじん、しいたけ、油揚げの順に加えて、さっと炒める。ひじきと干ししいたけのもどし汁を入れて、全体に火が通るまで約7分煮る。
③ みりん、しょうゆの順に加えて、煮汁がなくなるまで煮含める。

よねのつぶやき

短気は損気って
いうじゃない。
イライラするのは
カルシウム不足かも
しれないね

にんじんとごぼうのきんぴら

ごぼうのシャキシャキ感がたまらない！

材料（作りやすい量）

ごぼう……100g
にんじん……⅓本（50g）
かつおだし（P13参照）
　……½カップ
しょうゆ……大さじ1弱
みりん……小さじ2
ごま油……大さじ1
白炒りごま（お好みで）
　……少量

作り方

① ごぼう、にんじんは斜め薄切りにしてから、細切りに。

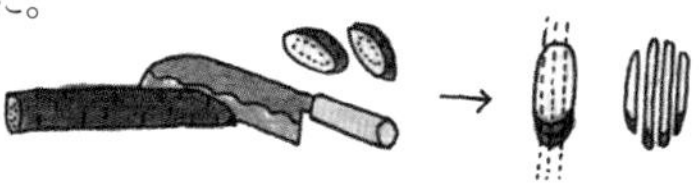

② 鍋にごま油を中火で熱し、❶を加えて炒める。かつおだしを入れ、沸騰したら火を少し弱めて、3分ほど煮る。みりん、しょうゆを入れて中火にし、煮切る。
③ 器に盛り、お好みでごまを手びねりしてふる。

調理メモ　ごぼうを洗うときは、泥だけを落とし、ポリフェノールやうまみの多い皮はこそげ落とさないこと。

切り干し大根の煮つけ

材料（作りやすい量）

切り干し大根 …… 30g
※ 水1カップでもどし、
　もどし汁は③で使用
にんじん …… ⅓本（50g）
油揚げ …… 1枚

干ししいたけ …… 2枚
※ 水 1 カップでもどし、
　もどし汁は③で使用
しょうゆ …… 大さじ 2 強
ごま油 …… 大さじ 1 弱

作り方

① 切り干し大根は水でもどし、水気をしっかりしぼる。干ししいたけも水でもどしてから細切りにする。にんじんは3cm長さの細切り、油揚げは縦半分に切ってから細切りにする。
② 鍋にごま油を中火で熱し、切り干し大根、にんじん、しいたけの順に加えて、切り干し大根を箸でよくほぐしながら、さっと炒める。
③ 油揚げと切り干し大根と干ししいたけのもどし汁を入れ、沸騰したらしょうゆを加えて、煮汁がなくなるまで煮含める。
※ 乾物のもどし汁に栄養成分やうまみ、甘みも出るので、捨てずに必ず使いましょう！

よねのつぶやき

切り干し大根は
カロリーが少なくて
栄養の宝庫。
夏は生大根ができにくい
のでお惣菜に最適

白あえ

豆腐とごまのうまみで、野菜をくるむ。
やさしい味わいにほっこり！

材料（作りやすい量）

にんじん …… 25g
こんにゃく …… 25g
かつおだし（P13参照）
　…… 50mℓ
しょうゆ、みりん
　…… 各大さじ½
絹さや …… 6枚
※ ほうれん草でもOK

木綿豆腐
　…… ½丁（170g）
白炒りごま
　…… 大さじ 1½
みそ、みりん
　…… 各小さじ 1
塩 …… 少量

作り方

① 豆腐は皿等で重しをして10分ほど水切りし、ザルで裏ごしをする。
② にんじんとこんにゃくを短冊切りにする。鍋にかつおだしを入れて中火で3～4分煮て、しょうゆ、みりんを加えて煮切る。
③ 絹さやはゆでてから、斜め切りにする。
④ すり鉢にごまを入れてよくすり、豆腐と調味料を入れてすり混ぜる。❷、絹さやを加えて、あえる。

打ち豆の煮物

材料（作りやすい量）

ごぼう …… 80g
にんじん …… ⅓（50g）
こんにゃく …… ⅓枚
油揚げ …… ½枚
打ち豆 …… 30g
※ 水1½カップでもどし、
もどし汁は③で使用
干ししいたけ …… 1枚
※ 水½カップでもどし、
もどし汁は③で使用
しょうゆ
…… 大さじ1～1.5
みりん、ごま油
…… 各小さじ2

作り方

① 打ち豆を袋の表示どおりにもどし、水気をきる。水でもどした干ししいたけ、こんにゃくは、さいの目に切る。ごぼう、にんじんは小さめの乱切りにする。油揚げは野菜の大きさに合わせて切る。

② 鍋にごま油を中火で熱し、ごぼうをよく炒め、こんにゃく、にんじん、しいたけの順に加えて、炒める。

③ 打ち豆と干ししいたけのもどし汁を入れ、油揚げ、打ち豆を加えて、10分ほど煮る。みりん、しょうゆの順に加えて、煮含める。

打ち豆はつぶした大豆だから
すぐ煮える、すぐれもの。

食材メモ
【打ち豆】水でもどした大豆をつぶして再度乾燥させた保存食。雪深い日本海側や東北地方を中心に作られていて、火の通りが早く、味もいい。

あずきとかぼちゃのいとこ煮

材料（作りやすい量）

かぼちゃ …… ¼個（300g）
あずき …… ½カップ
塩 …… 小さじ½

作り方

① あずきは水4カップを鍋に入れ、やわらかくなるまで弱火で50分以上煮る。

② かぼちゃはひと口大に切ったら、❶に入れて、あずきと一緒に弱火で煮る。5分ほど煮たら、塩を加える。途中、煮汁がなくなったら水を足す。煮汁が少し残る程度になり、かぼちゃもやわらかくなったら、火を止め、ふたをしたまま10分ほど蒸らす。

よねのつぶやき

朝起きると顔や体がむくんでいるという人は、夜遅くに体を冷やすものを食べているからかも。冷やすと免疫力が落ちるよ

キャベツのマリネ

材料（作りやすい量）

キャベツ …… ¼個
にんじん …… ½本（70g）
セロリ …… ½本
紫玉ねぎ …… ½個
きゅうり …… 1本
塩 …… 小さじ1

A（ドレッシング）
植物油 …… 50mℓ
米酢、しょうゆ …… 各大さじ2
梅酢 …… 大さじ1

作り方

① キャベツは2㎝幅にざく切り、にんじんは3㎝長さの短冊切りに。セロリは斜め薄切り、紫玉ねぎは薄切り、きゅうりは縦半分に切ってから斜め薄切りにする。
② ボウルに❶を入れて、全体に塩をふり、野菜がしんなりするまでよく混ぜる。
③ Aを混ぜて❷にかけ、よく混ぜる。ラップをかけて、冷蔵庫で2時間以上味をなじませたら完成。

よねのつぶやき

暑いネェ、うだるようだ、
何も食べたくない。
どうしよう。
そんなときは、
さわやかマリネを食べて！
そのうち秋が来るさ

蛇《じゃ》腹《ばら》きゅうりの酢じょうゆあえ

きゅうりの歯ごたえがたまらない。

材料（作りやすい量）

きゅうり …… 2本
長ねぎ …… ⅓本
セロリ …… ⅓本
しょうが …… 小1片

A（つけ汁）
しょうゆ …… 40mℓ
酢 …… 大さじ1
ごま油 …… 大さじ1½

作り方

① 長ねぎは小口切り、セロリは小さめの乱切りにし、しょうがは細切りにする。
② 蛇腹きゅうりを作る。まな板の上にきゅうりを横向きにおき、きゅうりの両脇に割りばしを1本ずつおく。端から斜め薄切りにする（割りばしがあるので、きゅうりが最後まで切れず、蛇腹状になる）。反対側も同様に切る。2本切り終えたら、食べやすい大きさに手でちぎる。

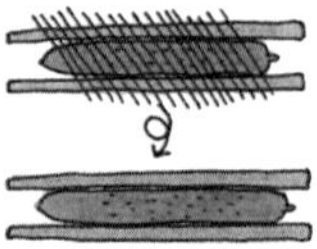

③ ボウルにAを入れてよく混ぜたら、❶と❷をあえて、10分ほど漬けたらでき上がり。

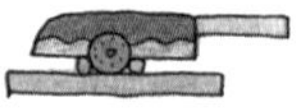

青菜の梅干しあえ

材料（作りやすい量）

季節の青菜 …… ½わ
※小松菜、ほうれん草、チンゲン菜、春菊、空心菜、タアサイでもOK

梅干し …… 2個
焼きのり …… ½枚
しょうゆ …… 適量

〈ごまあえの場合〉　青菜½わ、白炒りごま大さじ2、しょうゆ適量、みりん少量

作り方

① 熱湯に塩少量(分量外)を入れ、青菜をゆでて、水気をしっかりしぼったら、3㎝幅に切る。梅干しの種を取って、粗く刻む。

② ボウルに青菜を入れ、梅干し、粗くちぎった焼きのりを加えてあえる。食べるときに好みでしょうゆをかける。

※ ごまあえの場合は、❷の工程ですり鉢でごまをよくすり、しょうゆ、みりんで味をととのえてから、青菜とあえる。

青菜は食べる増血剤。
梅干しはお腹の調子をととのえる。

ごまあえ

よねのつぶやき

にんにくやしょうがが、
ちょっと入ることで、
体が温まったり、
やる気が出たりする。
ワンポイントパワー

紅しょうが

材料（作りやすい量）

しょうが …… 100g
梅酢 …… ¼カップ

作り方

① しょうがは薄切りにしてから、針状に切る。

② 鍋に水2カップを沸かし、沸騰したら❶を入れて、6～7分煮る。ザルにあげて水気をきり、熱いうちにボウルや保存容器に入れて梅酢を加える。

調理メモ　煮汁はしょうが湯として活用。からくないように水で薄め、はちみつで甘みをつける。くず粉(または片栗粉)少量を水で溶いて入れ、とろみをつけて飲む。

よねさんの健康お漬け物②

ぬか漬け

材料（作りやすい分量）
ぬか …… 1kg
水 …… 8カップ
塩 …… 200g
赤唐辛子 …… 2本
お好みの野菜 …… 適量

作り方
① 容器にぬかと塩を入れ、かき混ぜる。水を徐々に入れて練るように混ぜ、赤唐辛子を入れて、ひと晩ねかせる。
② 床ならしのための捨て漬けをする。大根の葉、キャベツ等水気の多いものを入れて、毎日かき混ぜ、4～5日して床がしっとりしてきたら、野菜を取り出し、これは捨てる。漬ける野菜の表面に塩適量をすりこんで漬ける。ぬか床を平らにしてふたをする。
③ 好みの漬け具合になったら取り出す。

健康や美容にも最高！

調理メモ
・ぬか床は毎日1～2回はかき混ぜて発酵をよくすること。
・最初に漬けるときは、水気の多い大根、きゅうり等がおすすめ。
・ぬか床に水気が多くなったり、塩気が足りなくなったら、ぬかや塩を足して調節する。昆布等を入れるとさらにおいしくなる。

手作りはやっぱりおいしいよ！

たくあん漬け

材料（作りやすい分量）
大根 …… 15kg
（12～16本くらい）
ぬか …… 1.5kg
塩 …… 800g
干した柿の皮
…… 3～4個分
赤唐辛子 …… 少量
大根の葉 …… 適量

用意するもの
漬け込む容器
重し（15～30kg）
押しぶた

作り方
① 大根はひもやなわで結び、軒先等に吊るして天日と風に当て、しんなりするまで干す。柿の皮、大根の葉も干しておく。
② ボウルでぬかと塩をよく混ぜる。
③ 漬け込む容器の底に、❷の1/4量をしき、長い大根を外側、短い大根を内側に隙間のないように並べて漬ける。
④ 柿の皮、赤唐辛子、❷の1/4量、大根と繰り返して重ね、最後に大根の葉を並べて、残りの❷をのせて、押しぶたをする。
⑤ 重しをのせて漬け込む。水が上がって2カ月くらいして大根の辛みが取れたらでき上がり。

調理メモ
1週間くらい経っても水が上がってこなかったら、水（3カップ）に6％くらいの塩を入れて、容器の周りから加えると上がってくる。

第 6 章

おやつを食べて免疫力超アップ

お日様ゼリー

にんじんのくさみがなく、低カロリーでプルンとおいしい!

子どもに嫌われる
にんじんも、おやつで
こんなにおいしく
食べられる。
ネーミングで夢が湧く
でしょ?

材料(プリンカップ4個分)

- にんじん …… 180g(大1本)
- 水 …… 1カップ(ミキサー用)

- 棒寒天 …… ½本
- 水 …… 1カップ

※粉寒天でもOK。その場合は4g

はちみつ …… 大さじ3

塩 …… 少量

レモン汁 …… 大さじ1強

作り方

① にんじんはよく洗い皮つきのまま、蒸し器でやわらかくなるまで蒸す。にんじんを3つくらいに切り、水と一緒にミキサーにかけてなめらかにする。

② 棒寒天は30分ほど水(分量外)につける。小さくちぎって、水と鍋に入れて、中火で煮溶かす(粉寒天の場合は、箱の表示時間どおりに加熱する)。寒天が溶けたら❶を加えて、弱火でさらに10分ほど煮て、コクを出す。

③ 火を止めて、はちみつ、塩を加えて混ぜる。粗熱が取れたら、レモン汁を入れて混ぜ、プリンカップに流して冷やし固める。

免疫力ぐんぐんアップの鍵

天草(てんぐさ)からできている寒天は、食物繊維が豊富で、血糖値の上昇を抑えることから生活習慣病を予防し、便秘にもよく効く。腹もちがよいのでダイエットの強い味方。

おいしさに誰もが驚く！豆乳プリン

幸せな気分になれる、レトロなプリン。

よねのつぶやき

卵が先か、にわとりが先か、どちらでもよい。こんなにおいしいプリンが食べられるんだもの

材料（プリンカップ５個分）

豆乳 …… 1½カップ
きび砂糖（またはてんさい糖）
…… 40g
塩 …… 少量

卵 …… ２個

A（カラメルソース）

きび砂糖（またはてんさい糖）
…… 40g
水 …… 大さじ２
熱湯 …… 大さじ1½

作り方

① プリンカップに植物油(分量外)をぬる。

② カラメルソースを作る。フライパンに砂糖と水を入れ、弱火にかける。フライパンを回しながら砂糖を溶かし、プツプツと泡立って濃いカラメル色になったら、熱湯を加え、火を止めて混ぜる。すぐに❶に５等分して入れる。

③ 鍋に豆乳、砂糖、塩を入れ、かき混ぜながら中火にかける。砂糖が溶けたら火を止め、冷ます。

④ ボウルに卵を割り入れて、よくほぐし、❸を加えて混ぜたあと、目の細かいザルでこす。

⑤ ❷のプリンカップに注ぎ入れ、熱湯(分量外・天板の６～７分目)をはった天板に並べ、160度に熱したオーブンで25分蒸し焼きにする。竹串をさし、プリン液が出てこなければOK。粗熱が取れたら冷蔵庫で冷やし、食べるときはプリンカップにそって竹串を一周させてから器に出す。

※ フライパンで蒸す場合

フライパンにプリンカップを並べたあと、熱湯を２～３㎝高さになるくらい注ぐ。フライパンのふたをして、弱火で10分ほど蒸し、火を止めて、そのまま15分ほど蒸らす。

免疫力ぐんぐんアップの鍵

卵には、たんぱく質だけでなく、ビタミンやカルシウム、鉄等、私たちの健康を維持するために必要な栄養素が豊富。たんぱく質の中でも、特に質のよいアミノ酸が多く、すぐれた食材。ちなみに消化がよいのは、半熟、固ゆで、生卵の順。

おからの
ソフトクッキー

おからとは思えない
高級なクッキーの味。
赤しそジュースを添えて。

食べものの〝いのち〟を
生かそう!!
豆腐を作ったときの
副産物おから。
クッキーに大変身

材料（20個分）

おから……200g
くるみ（無塩）……20g
レーズン……50g
黒砂糖（粉末）……50g
卵……1個
お好みの植物油……大さじ5
全粒粉……大さじ5
塩……少量

作り方

① くるみは120度に熱したオーブンで15分ほど焼き、粗く刻む。レーズンも粗く刻む。

② ボウルに卵、植物油、黒砂糖を入れてよく混ぜ合わせる。おからをよくほぐして入れ、全粒粉、レーズン、くるみ、塩を加えて、ざっくり混ぜ合わせる。

③ 天板にクッキングシートをしき、スプーンで❷をすくって（直径3～4㎝大）、シートの上に並べる。170度に熱したオーブンで18分くらい焼く。

免疫力ぐんぐんアップの鍵

全粒粉は、小麦をまるごと挽いたもので完全粉ともいう。胚芽や皮を取り除いたものに比べ、食物繊維やビタミンB群は4倍以上含まれ、カロリーは1割低い。おからは大豆から豆腐を作る過程で豆乳をしぼった残りかす。低カロリー、高たんぱくで、食物繊維はごぼうの2倍もあるので、便秘を解消し、大腸がんの予防にも有効。オリゴ糖が腸内環境をととのえる。

【初夏に出回る「赤しそ」で作る、赤しそジュース】

さわやかな酸味が暑い夏にぴったりで、夏のダルさもふっ飛ぶジュース。氷を浮かべてどうぞ。

［作り方］水2ℓを沸騰させ、洗った赤しその葉300gを入れる。再び沸騰したら、10分ほど弱火で煮る。粗熱が取れたら、ボウルの上にザルをのせてこす。※ぎゅうぎゅうしぼるとアクが出るので、ザルでこす程度に。こした汁にはちみつ420g（またはてんさい糖）、米酢（もしくは穀物酢）を100mℓ入れて混ぜる。酢を入れると液が緑色から赤紫色に変わる。保存容器に入れて冷蔵保存する。

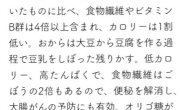

ノンバターでも香ばしくて
とてもおいしい！ごまクッキー

ごまがこんなに
食べられるって最高。
プレゼントにも
喜ばれる。

心の栄養、耳の栄養、
口の栄養ってあるよね。
すべてよくかみしめて
味わおう!!

材料（30枚分）
薄力粉 ……… 250g
白炒りごま ……… 1カップ弱（100g）
お好みの砂糖 ……… 80g
※てんさい糖、きび糖、三温糖等
お好みの植物油 ……… 80mℓ
※米油、紅花油がおすすめ
卵 ……… 1個
水 ……… 大さじ1
塩 ……… 小さじ1
※小麦胚芽を加えてもOK。その場合は大さじ2で、水小さじ2を追加する。食物繊維やビタミン、ミネラルをいっそう補える

作り方
① 卵をほぐす。ボウルに材料を全部入れ、よく混ぜて、ひとかたまりにする。
② 3等分し、1つずつ直径3㎝くらいの筒状にしてラップに包み、冷蔵庫で20～30分冷やす。
③ 5㎜厚さの輪切りにする。クッキングシートをしいた天板に並べ、170度に熱したオーブンで18分くらい焼く。

【ごまクッキーに合う！　きな粉ドリンク】
温めた豆乳（180mℓ）にきな粉（大さじ1）を加えてよく混ぜる。

免疫力ぐんぐんアップの鍵
ごまにはビタミンB_1、E、カルシウム、鉄等が多く含まれ、不足しがちな栄養を補ってくれる。また、ごまに含まれるセサミンが肝臓の機能を高め、抗酸化作用も大。がんの予防にも。

昔ながらが今話題のきな粉菓子

子どもから
お年寄りまで楽しめる
健康おやつ。

たかがおやつ、
されどおやつ。
疲れた体にごほうびだよ。
ほっとひと息、ふた息

材料（15個分）

- 黒砂糖（粉末）……80g
- 水……大さじ3

きな粉……80g
黒炒りごま……20g
塩……少量
打ち粉として使うきな粉……20g

作り方

① 鍋に黒砂糖、水を入れてよく混ぜる。弱火で熱し、黒砂糖が溶けたらすぐに火をとめる（火にかけたら混ぜない）。
② ❶にきな粉、黒炒りごま、塩を入れて、熱いうちに木ベラで手早く混ぜる。
③ きな粉の打ち粉をした台に熱いまま出し、手に水をつけて❷を3等分にする。それぞれ棒状（直径2㎝）にのばし、きな粉を全体にまぶす。冷めたら2㎝厚さの斜め切りにする。

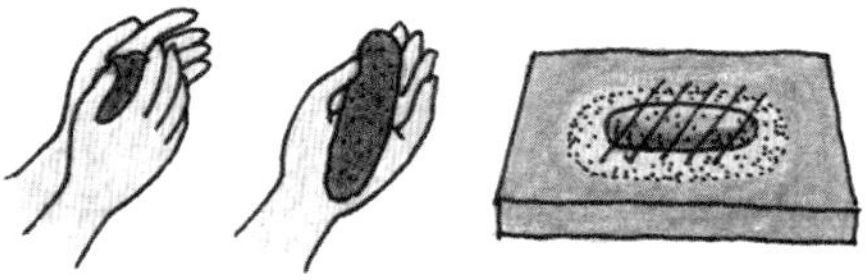

免疫力ぐんぐんアップの鍵

黒砂糖はさとうきびのしぼり汁を煮詰めて作られ、甘みが濃厚。カルシウム、カリウム、鉄等のミネラル含有量は砂糖のなかでトップクラス。

豆乳入りコロコロくず餅

くず粉、豆乳、きな粉のバランスがいいんだよ。

心と体のバランスが
とれていれば
体の調子も
よくなるよ!!

材料（12×15cmの流し缶・1台分）

豆乳 ……… 1カップ
くず粉 ……… 100g
水 ……… 2 ½カップ
塩 ……… 少量
A
　きな粉 ……… 30g
　黒砂糖（粉末） ……… 大さじ2
　塩 ……… 少量

作り方

① 鍋にくず粉を入れ、水を少しずつ加えて、くず粉のかたまりが溶けてなくなるまでよく混ぜる。豆乳、塩も加えて混ぜる。

② 木ベラでかき混ぜながら強めの中火にかけ、とろみが出たら弱火にし、鍋肌からはなれて、つやが出るまで7～8分ほど練り続ける。

③ 流し缶を水でぬらし、❷を流し入れ、平らにし、冷やし固める。
※ 流し缶がない場合は、同程度サイズのバット等でもOK。

④ 固まったらまな板の上に❸を裏返して出し、2～3cm大の角切りにする。

⑤ Aの材料を大きめのバットでよく混ぜておき、❹を入れて転がし、まぶす。

免疫力ぐんぐんアップの鍵

くず粉は胃腸の粘膜を保護し、体を温めて血行を促進、細胞に活力を与える。また、風邪のひき始めの、ゾクゾクして肩や首が凝る等の症状をやわらげてくれる。

おいものほくほくせいろ蒸しパン

みんな大好き！
子どもの頃に食べた
なつかしい味。

寒いときに
あったかいおやつを
食べたら、体も心も
ほっかほかにぬくもるよ

材料（直径17～18cmの丸型・1台分）

さつまいも……100g
卵……2個
黒砂糖（粉末）……80g
薄力粉……½カップ
全粒粉……½カップ
はちみつ……大さじ1
塩……小さじ¼

作り方

① さつまいもを皮つきのままよく洗って、1cmくらいのさいころ状に切る。

② 卵は卵白と卵黄に分け、ボウルにそれぞれ入れる。卵白は角が立つまで泡立てる。

③ 卵黄ははちみつ、黒砂糖と一緒に、白っぽくなるまでよく混ぜる。

④ 卵白のボウルに❸、薄力粉、全粒粉、塩、❶のさつまいもを入れてざっくり混ぜる。

⑤ せいろに濡れぶきんをしき、❹を流し入れる。蒸気の上がった鍋や中華鍋に生地を入れたせいろを置き、20分くらい蒸す。竹串をさして、ついてこなかったらOK。

※蒸し器で蒸す場合
ザルに濡れぶきんをしいて、❹を流し入れ、蒸気の上がった蒸し器に入れて、20分蒸す。

免疫力ぐんぐんアップの鍵

さつまいもは、いも類のなかでビタミンCの含有量がトップクラス。しかも加熱で損失しにくい。セルロース、ヤラピン等の繊維質が便通を促す。がん予防に効果的なβ-カロテンやビタミンEも含まれる。

一番簡単で一番おいしいパンプキンパイ

パイって簡単にできるのよ。手で小麦粉ペタペタやれば皮になるのよ。やってみよう！

難しいと逃げてたことが、
やってみると、するする
難問解決ってこと
あるんだよ

材料（直径21～22cm×高さ3cmのパイ皿・1台分）

A（パイ生地）

- 全粒粉……1カップ
- 薄力粉……½カップ
- 小麦胚芽……⅓カップ
- 塩……小さじ½
- 米油……⅓カップ
- 水……大さじ3

B（フィリング）

- 蒸したかぼちゃ……400g
- 卵……3個
- 豆乳……1カップ
- はちみつ……½カップ
- 塩……小さじ½

シナモンパウダー（お好みで）……適量

作り方

① かぼちゃを3～4cm大の乱切りにし、蒸し器でやわらかくなるまで蒸す。

② パイ生地を作る。ボウルにAの粉類と塩を入れ、混ぜる。油と水も加え混ぜ合わせてまとめ、パイ皿にのせ、手で伸ばす。フォークをさして穴をあけておく。

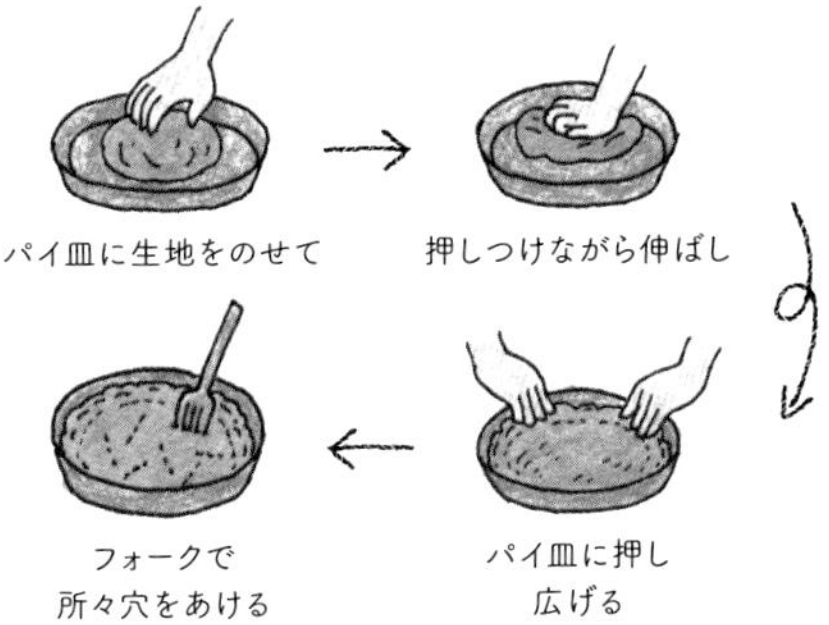

パイ皿に生地をのせて
押しつけながら伸ばし
パイ皿に押し広げる
フォークで所々穴をあける

③ ❶のかぼちゃを皮ごとすり鉢でつぶし、Bのはちみつ、塩、豆乳、溶き卵の順に加えてよく混ぜ、❷に流し込む。

④ 165～170度に熱したオーブンで、35分ほど焼く（竹串をさしてついてこなければOK）。焼き上がりにお好みでシナモンパウダーをふる。

免疫力ぐんぐんアップの鍵

かぼちゃの黄色はβ-カロテンで、肌や粘膜を丈夫にするので、風邪予防になる。かぼちゃの皮には、実の約2倍含まれている。がん細胞の成長を遅らせる等、がん予防になる。

調理メモ　1日おくとパイ生地に味がなじんで、いっそうおいしい。

古くて新しい
ワクワクおやつの
玄米ごへい餅

健康によくて簡単。残りご飯でもOK！

よねのつぶやき

ご飯を食べたら
元気になるよ。
力も出るから、
もうちょっと
頑張ってみようか

材料（4本分）

玄米ご飯 ……… 茶碗2杯分
※残りご飯、冷凍ご飯でもOK（蒸してから使う）
くるみ、ごま ……… 各大さじ1½
※くるみは120度のオーブンで15分ほど焼いておく
A
- みそ ……… 30g
- みりん ……… 大さじ1.5
- 黒砂糖（粉末）……… 大さじ1
- 水 ……… 大さじ2½

作り方

① すり鉢に温かい玄米ご飯を入れて、つぶつぶが残る程度の半つぶしにする。4等分のだんご状にしたら、割りばしや竹串にさして、小判型にする。
② すり鉢にくるみとごまを入れてよくする。
③ 鍋にAを入れてよく混ぜたら、弱火にかけてとろりとするまで煮詰める。❷を入れて、よく混ぜる。
④ ガスコンロに焼き網をのせ、❶をうっすら焦げ目がつくまで中火で両面を焼く。たれを両面に塗り、2～3秒焼いて、ひっくり返し、裏側も焼く。
※竹串でやけどをしないように注意。

免疫力ぐんぐんアップの鍵

くるみは、ナッツ類の中でもオメガ3脂肪酸を最も多く含む。悪玉コレステロールや中性脂肪を下げ、血流もアップ。ビタミンEも豊富で動脈硬化の予防にも効果的。

ご先祖様への最高のごちそう
玄米おはぎ

免疫力ぐんぐんアップの鍵

もち米は体をよく温めるので、冷え症や冷えからくる下痢のときによい。疲れやすい人、疲れでよく寝汗をかく人、夜中に何度もお手洗いに行く人やおねしょの子も助けられる。ただし温める作用が強いので、炎症のとき、皮膚病のときは食べないこと。

おはぎとお茶で
ほっとひと休み。
玄米の香ばしさにも
ほっこり！

よねのつぶやき

大昔からず〜っと、
お祝いのたびにお赤飯。
祖母も大好きだった
おはぎ。あの世で
喜んでくれるかな

材料（3種×10個・計30個分）

もち玄米 ……… 2 ½ カップ
玄米 ……… ½ カップ
※ 白米のもち米、うるち米でもOK。
その場合は水を少なめにする
水 ……… 2 ½ カップ
塩 ……… 小さじ ⅓

A（あずきあんおはぎ）
あずき（乾物）……… 250g
黒砂糖（粉末）……… 100g
てんさい糖（またはきび砂糖）
……… 100g
塩 ……… 小さじ ½

B（きな粉おはぎ・あずきあん入り）
きな粉 ……… ⅔カップ
塩 ……… 少量

C（黒ごまおはぎ・あずきあん入り）
黒すりごま ……… ⅔カップ
塩 ……… 少量

作り方

① あずきあんを作る。あずきを洗い、鍋に入れ、あずきの3〜4倍の水を入れて、強めの中火にかける。沸騰したら火を少し弱め、あずきが指でつぶれるくらいのやわらかさになるまで1時間ほど煮る。砂糖を3回に分けて入れ、仕上げに塩を加え、冷めたらバット等に取り出し、あんを分ける。A用に35〜40gを10個、BとC用に10gを20個分けて丸める。

② もち米を炊く。もち玄米と玄米は水でよく洗い、ザルにあげて水気をきり、圧力鍋に入れる。水を加えて1時間くらいおく。塩を加えて混ぜて、炊き上げる。

③ ❷をすり鉢（ボウルでもOK）に入れて、お米の粒が半分残る程度にすりこ木等で半つきにする。手を水でぬらし、30等分して丸める。

④ Aを仕上げる。包みやすいように15㎝四方のラップをしき、❶のあずきあんを中央において手のひらで薄く伸ばす。その中心に丸めたご飯をおいてラップごと包んで、丸く形をととのえる。

⑤ Bはラップをしいてから丸めたご飯を中心におき、包むように持ったら、ご飯のなかに❶で分けたあずきあんを入れて包む。丸く包んだら、塩と混ぜたきな粉をまぶす。CもBと同じようにご飯のなかにあんこを入れてから、塩と混ぜたごまをまぶす。

常備したい食材

ここに挙げた野菜を常備しておくと便利です。

にんにく

においの成分アリシンは、がん予防、スタミナ補給、疲労回復に有効。

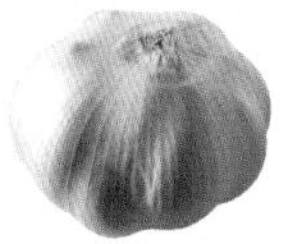

玉ねぎ

アリシンが胃の消化液の分泌を促進させ、食欲を増進。不眠、高血圧を改善。炒めて、だしにもなる。カレー、スープ、煮込み、サラダ等、多様な料理に使える。

しょうが

辛みの成分ジンゲロールが血行をよくし、体を芯から温める。抗酸化作用・抗菌作用もある。料理には、にんにく、しょうがをみじん切りにして炒めるとうまみが増す。

にんじん

がん予防に卓効があるといわれる「β-カロテン」が豊富。料理の色どりにもなる。洋食、和食問わず重宝する食材。

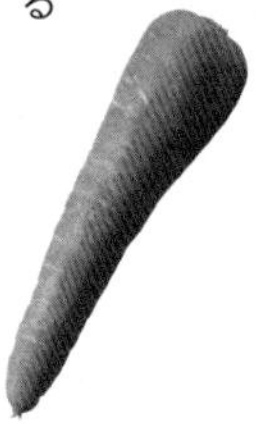

大根

ビタミンCが多い。葉にはカロテン、ビタミンC、カルシウムが多いので、刻んで油で炒め、ちりめんじゃこ等を加えて、しょうゆをさっとかければ一品できる。大根おろしを焼き魚などに添えると、たんぱく質の吸収もよくなる。

じゃが芋

加熱しても壊れにくいビタミンCが、傷ついた胃腸の粘膜を正常にする。血圧を下げ、腸の働きを促進させる。和洋中の料理に活躍。マッシュポテト、煮込み、スープ等。

キャベツ

ビタミンC、消化酵素はピカイチ。胃腸の強い味方。抗潰瘍《こうかいよう》作用あり。サラダで食べるときは、切る前の葉のままで洗ってから切る(ビタミンCは水溶性のため)。

ねぎ

白い部分にはビタミンCや血行をよくするアリシンが。緑の部分にはカロテン、カルシウム、セレンが豊富にあり、がん予防に。

梅干し

番茶に、しょうがのすりおろし、しょうゆを加えて飲むと、風邪のひき始めによい。

野草について

春になると、冬ごもりで根をしっかり育てた薬草や野草が生き生きと芽を出してきます。昔から親しまれてきたのが、ドクダミ、ヨモギ等です。ヨモギは餅草ともいわれ、おだんごに。ドクダミは十種類もの薬効があることから、〝十薬〟と名付けられたほど。

先人は薬草の効用を経験でよく知っていました。今を生きる私たちも、お茶にしたり、お風呂に入れたりして上手に活用したいものです。

ドクダミ

浄血、利尿作用、毛細血管や胃腸を丈夫にし、高血圧、動脈硬化、脳溢血の予防、また蓄膿症や腎臓病等にも。お茶にして常用していると肌もきれいに色白になります。花が咲いている頃から暑い盛りに摘んで、陰干しし、7割ほど乾いたら直接日に当てて仕上げます。

ヨモギ

灸《やい》草《とぐさ》ともいわれ、お灸のもぐさに使われます。葉は天ぷらにしてもおいしい。山でけがをしたときには血止めとしても昔から使われてきました。お風呂に入れると体がよく温まります。高血圧、神経痛、リウマチ、胃腸病、冷え症、造血、浄血を助けます。春先の新芽を摘み、陰干しし、七割程乾いたら、直接日に干してカラッと仕上げる。缶に入れておけば1年は使えます。

ビワ葉

ぜん息、胃腸や内臓等の痛み、打ち身、やけどにとてもいい。生葉を適当に切ってお風呂に入れて沸かして入ると心地よく、肌もきれいになります。枕にしいて寝るのも良い。焼酎に漬けて3カ月くらいおくと茶色のビワ葉エキスになります。大きく色の濃い葉を摘んで、細かく切り、陰干しにしてカラカラにし、缶に入れて保存。ビワ葉茶になります。

スギナ

リウマチ、神経痛、関節炎、肺結核をはじめ、慢性の気管支炎に効きます。スギナを摘んだら洗って水気をとり、日干しにして乾燥させます。お茶にするときは土瓶かホウロウのやかんに軽くひとつかみ入れ、沸騰したら4～5分で火を止め、ポットに移して少しずつ飲む。

おわりに

東城百合子先生を師に42年、厳しいなかにも愛のある先生を尊敬し、砂地に水がしみこむ如く学ばせていただきました。

先生の書かれた数々の御著書のなかの『食生活が人生を変える』『自然療法が「体」を変える』を読ませていただいたとき、ピンときた。「私が本を出すようになったら、三笠書房さんにお願いしよう」と。

念願かなってこの度の運びとなり、〝よね本〟の誕生となりました。有難く、嬉しい限りです。

この本で皆様が「料理って楽しいんだ」、「あれ、いつの間にか元気になったよ」、なにより「おいしいね」って前向きに生活していただければ、これ以上の喜びはありません。すべての方々に心より感謝いたします。

書き足りないことも多々ありますが、どうかご容赦ください。本書を少しでも皆様のお役に立てていただければ有難いことです。

心身ともにお元気でお過ごしくださいますよう、心からお祈りいたします。

米澤佐枝子

食べたい素材で探す　index

【あなたと健康】

自然療法の大家である東城百合子氏がはじめた、体と心の健康運動。月刊で『あなたと健康』を発行。

あなたと健康月例講座（月１回）、料理教室、自然療法の基礎勉強会、手当て法の勉強会などを実施。

栄養教室通信講座もあり、予約で個人相談も受け付けている。いずれも、詳細は直接お問い合わせを。


〈問い合わせ先〉あなたと健康社　℡03-3417-5051

よねさんの免疫力超《めんえきりよくちよう》アップの食卓《しよくたく》

著　者——米澤佐枝子（よねざわ・さえこ）
発行者——押鐘太陽
発行所——株式会社三笠書房
〒102-0072 東京都千代田区飯田橋3-3-1
電話：(03)5226-5734（営業部）
：(03)5226-5731（編集部）
https://www.mikasashobo.co.jp
印　刷——誠宏印刷
製　本——若林製本工場

編集責任者　本田裕子
ISBN978-4-8379-2925-3 C0077

TM0032